欣赏式探询团队协作案例集

21个优势工作坊

[美]罗宾·斯特拉顿·博克赛尔
(Robyn Stratton-Berkessel) / 著

张树金 / 译

APPRECIATIVE INQUIRY FOR COLLABORATIVE SOLUTIONS: 21 STRENGTH-BASED WORKSHOPS

图书在版编目（CIP）数据

欣赏式探询团队协作案例集：21个优势工作坊/（美）罗宾·斯特拉顿·博克赛尔著；张树金译.—北京：华夏出版社，2019.7
书名原文：Appreciative Inquiry for Collaborative Solutions: 21 Strength-Based Workshops
ISBN 978-7-5080-9743-5

Ⅰ.①欣… Ⅱ.①罗… ②张… Ⅲ.①组织管理学 Ⅳ.①C936

中国版本图书馆CIP数据核字(2019)第070461号

Appreciative Inquiry for Collaborative Solutions: 21 Strength-Based Workshops
by Robyn Stratton-Berkessel.
Copyright © 2010 by John Wiley & Sons, Inc.
All rights Reserved.
This translation Published under License.
Simplified Chinese copyright © 2019 by Huaxia Publishing House Co., Ltd.

版权所有 翻印必究

北京市版权局著作权合同登记号：图字01-2015-4092号

欣赏式探询团队协作案例集：21个优势工作坊

作　　者	[美]罗宾·斯特拉顿·博克赛尔	
译　　者	张树金	
责任编辑	马　颖	
责任印制	刘　洋	
出版发行	华夏出版社	
经　　销	新华书店	
印　　刷	三河市少明印务有限公司	
装　　订	三河市少明印务有限公司	
版　　次	2019年7月北京第1版	2019年7月北京第1次印刷
开　　本	670×970　1/16开	
印　　张	16.25	
字　　数	215千字	
定　　价	89.00元	

华夏出版社　地址：北京市东直门外香河园北里4号　邮编：100028
　　　　　　网址：http://www.hxph.com.cn　电话：（010）64663331（转）
若发现本版图书有印装质量问题，请与我社营销中心联系调换。

目录

这是一本务实的好书 　　　　　　　　　　001
欣赏式探询是 VUCA 时代需要的新方式 　　001
欣赏式探询：星星之火，可以燎原 　　　　001
中文版作者序 　　　　　　　　　　　　　001
译者序 　　　　　　　　　　　　　　　　001
关于本书 　　　　　　　　　　　　　　　001
致谢 　　　　　　　　　　　　　　　　　001

简　介 　　　　　　　　　　　　　　　001
　　什么是欣赏式探询 　　　　　　　　　004
　　本书包括什么 　　　　　　　　　　　007
　　如何使用本书 　　　　　　　　　　　011
　　欣赏式探询对组织的价值 　　　　　　011

第一部分　背景说明 　　　　　　　　　013
　　作者的个人背景 　　　　　　　　　　015
　　觉醒 　　　　　　　　　　　　　　　018
　　转变模式 　　　　　　　　　　　　　021
　　组织的背景 　　　　　　　　　　　　024
　　新的影响 　　　　　　　　　　　　　026
　　时代的呼唤 　　　　　　　　　　　　028

第二部分　欣赏式探询和正向、基于优势的人与组织发展方法的概述　031

 优势交响曲　033

 欣赏式探询　035

 积极心理学　049

 优势运功　057

第三部分　协作工作坊　063

 工作坊设计原则　065

 工作坊实践：你期待什么　066

 工作坊主题：肯定式主题　067

 工作坊的目的　068

 工作坊的目标　069

 工作坊的选择　070

 工作坊时长和参与者选择　071

 内容的结构　072

 引导流程　075

 工作坊的通用指南　083

 过程总结　086

第四部分　不同主题的21个工作坊　089

 01 工作坊：积极地创建变革　092

 02 工作坊：共享式领导　098

 03 工作坊：欣赏协作　103

 04 工作坊：珍视技术　108

 05 工作坊：为持续革新释放创造力　113

 06 工作坊：高绩效团队　118

07 工作坊：富有同情心的连接	123
08 工作坊：基于优势的教练	128
09 工作坊：尊重的关系	134
10 工作坊：商业作为积极的变革推动者：留下一份遗产	139
11 工作坊：培育多样性	145
12 工作坊：蓬勃发展的社区	150
13 工作坊：巅峰表现的心流状态	156
14 工作坊：关爱我们的环境	162
15 工作坊：全新水平的学习	168
16 工作坊：诚信地工作	173
17 工作坊：目标导向的销售	180
18 工作坊：全球互通互联	187
19 工作坊：几代人一起工作	194
20 工作坊：应对一切	200
21 工作坊：基于优势打造能力	206

第五部分　设计你自己的优势工作坊　211

工作坊设计回顾	213
参与者和领导者	220
珍视欣赏式探询的体验	221
结束反思	222

参考文献　225
作者简介　230
关于译者　231

这是一本务实的好书

劳伦斯·菲尔布鲁克（Larry）*

朋友们好：

我发现这是一本好书，因为我就喜欢这种务实而直接用来引导欣赏式探询的方法。

所以译者张树金（Simba）邀请我为这个译本写点什么时，我欣然允诺。20世纪80年代末，我所在的组织——国际文化事业协会，被大卫·库珀里德和他的团队定位为，基于价值的全球组织研究对象之一。从那时起，欣赏式探询就成了我工作的重要部分。我已经用欣赏式探询为中国客户服务了近30年，尤其是最近8年以来，我在世界各地为联合国（United Nations）开展有关欣赏式领导力的服务。我之所以可以做这些事情，是因为我一直在工作和生活中实践欣赏式探询。对我来说，欣赏式生活就是我每天都在做的事情。

在本书的第一段，作者罗宾谈到自己写书的目的和激情。我非常欣赏"我尊重并感激生命中的每一次遇见：所有的连接和关

---

* 劳伦斯·菲尔布鲁克（Larry），认证ToP引导者CTF，认证专业引导者CPF，国际引导者协会名人堂成员，文化事业协会台湾分会董事。

系都塑造了我，并在我的工作中有所体现"。

　　欣赏式探询是一种参考性的框架。在这个框架中，有很多工具和流程可以用来改变我们的认知，改变我们对环境与人所做出的反应。罗宾把这些概念和框架简明扼要地告诉了我们，即使你以前没听说过，看过书后也能很快地熟悉起来。本书的核心内容是——21个拿来就能用的关于工作坊的详细案例。每个案例都聚焦于一个具体的正向主题，这便于引导者、培训师或领导者们选择以及与团队分享。我发现每个案例的设计都非常简单和实用，谁都可以用。

　　作为引导者，对我来说，这些案例的背景和目的是非常清晰的，我可以根据需要直接选用或略作调整，就能应用到其他情境中。相信本书及其所提到的相关内容能成为你未来几年学习的好资源。

欣赏式探询是 VUCA 时代需要的新方式

许逸臻[*]

VUCA 时代需要的新方式

要能够突破必须要有新思维。特别是 VUCA 时代，产生了许多组织与创新的新需求，此时我们发现用从问题导向出发的思维方式来协助团队突破，是远远不够的。

从我 2004 年得到恩师欣赏式探询的创始人大卫·库珀里德的指导，到我在凯斯西储大学取得 AI 的认证，这期间获得了最大的天降甘霖——以欣赏／肯定的思维带我前行，因为它能指引着像我这样的引导者，帮助我们能更好地协助那些在组织发展上处于不同阶段且有着不同需求的团队。

基于 AI 哲学的实践——流程方法

回想课堂上库珀里德博士很谦虚地说，其实 AI 的领域还有很

---

[*] 许逸臻（Laura Hsu）是开放智慧（Open Quest）/上海睿问的创始人，IAF 国际引导者协会认证的专业引导师 (CPF) 以及评审，2018 年国际引导影响力金奖得主。

大的空间未被开发，包括目前已发展出的那些原则和 4D 的框架，以及那些专属 AI 的流程工具和方法，算在一起也只开发了 AI 领域的 5%。

所以，剩下的 95% 留给我们后续者更多的发挥空间。目前众多的流程工具与方法，只要能找到与 AI 理论相辅相成的，也就有了创新的流程设计空间。

罗宾的这本英文书 2010 年一问世，我便立刻收藏了。因为她是 AI 应用领域的先驱者之一，她率先将应用的案例以及流程，毫不藏私地分享出来，并且在第一部分、第二部分做了方法、原则、理论以及积极心理学的简要介绍，让流程引导者不需要花费太多的精力，就能够汲取大师的思想精华。所以此书当然是必须购入的重要工具书。

最后我想说的是，AI 的应用，对引导者的要求极高。只有真正活在 AI 的精神当中，站在台前想要用 AI 的方式引导，才能营造出团队需要的场域以及正能量。在此特别建议大家真正能从自身修炼起来！

欣赏式探询：星星之火，可以燎原

邱昭良*

12年，AI在中国从出生到壮大

12年前，我翻译了一本很薄的小册子《欣赏式探询》（*Appreciative Inquiry: A Positive Revolution in Change*）①。虽然该书正文只有85页，但我却写了一个长达12页之多的"推荐序"。

因为我认为这一新兴的组织变革技术具有广阔的前景，尽管当时处于刚萌芽状，但前途不可限量，为此需要全力推荐。在这本书出版之后的数年时间里，我目睹了AI在中国的成长、发展与壮大：

- 从默默无闻到进入教练、引导、组织发展（组织变革）等专业领域，受到普遍的关注——近年来，无论是在团队引导、教练技术、行动学习或组织发展领域的专业论坛，还是在年会上，都可以看到AI的身影；

---

* 邱昭良：管理学博士，《欣赏式探询》等16部作品的译者或作者；北京学而管理咨询有限公司首席顾问。

① 《欣赏式探询》，大卫·库珀里德、黛安娜·惠特尼著，邱昭良译，中国人民大学出版社出版。

- 从第一个"吃螃蟹"的非正式组织,到有了越来越多的实践案例;
- 从推广者形单影只,到有了一批获得国际相关资质认证的专业教练或引导者;

……

今天,我可以自豪地说:如果说当初翻译那本小书,引入这一技术,如同擦出了一个火花,那么今天,它已经形成了一团团炙热的火苗,尽管仍远未充分发挥其威力,但燎原之势指日可待。

你可能还没认识到的 AI 的价值

今天,尽管专业人士对 AI 多半已不再陌生,但是,许多人可能还没充分认识到 AI 的价值。

简言之,AI 是一种完全不同于传统以修补短板或解决问题为中心的组织变革技术,而是以挖掘、激活组织优势和成员内心深处渴望实现的正向价值为目的,并以"巅峰时刻"体验为导向的新型组织变革模式。它视组织为一个有生命的系统,而不是一台可以拆卸或替换零件的机器。

近年来,脑神经科学的研究突飞猛进,人们逐渐发现一个有趣的规律:如果你关注的是消极的东西,哪怕是"不要失误"、"我要解决这个问题"这样的暗示,你的大脑实际上关注的还是"失误"或"问题"——这让人感到紧张、沮丧,甚至气馁、苦恼,从而更容易把注意力的焦点引导到你努力避免的负面价值上去。这也是在组织中，大多数按照传统的组织变革方式发起的组织变革项目失败的原因之一（根据很多研究，失败率几乎高达75%）。这是一个失败的恶性循环方式（见图1）。

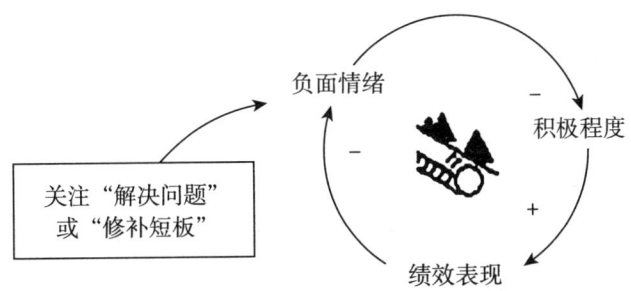

图1 失败的恶性循环

相反，如果你把自己注意力的焦点引导到如何创造最佳的体验，看到优势、想要创造的正向价值以及未来的潜力与可能性上，你就会激活内心的积极情绪和"正向核心"，从而更有可能产生正面的结果。这会进一步验证或增强你的正向心理预期，从而引发积极的变革，启动迈向成功的良性循环（见图2）。

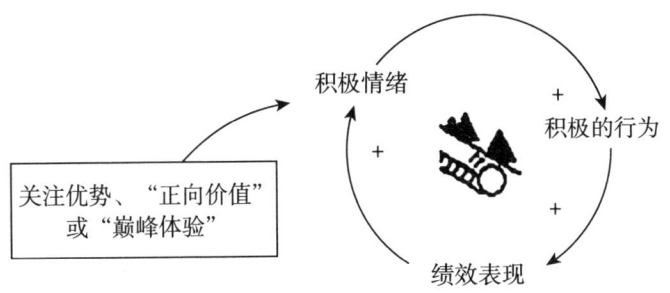

图2 成功的良性循环

从本质上看，图1和图2是一样的，它们都反映了一个基本的心理学规律，即：你的注意力焦点（Attention）在哪里，能量就流向哪里，从而形成不同的心态（Mindset），引发不同的行为（Behavior），获得不同的结果（Results）。

不仅如此，随着社会环境日益复杂多变，各种问题层出不穷，我们如果仍然采用以解决问题或修补短板为导向的组织变革模式，只能是疲于应付，甚至导致更大的问题。因此，近年来，积极心理学和基于优势的积极变革受到了人们越来越高的重视。

顺应大势，这是 AI 迅速发展的一个重要原因。

本书的三重价值

如果说 2012 年出版的《欣赏式探询》吹响了第一声号角的话，本书就是各种各样的乐曲与合唱。

首先，本书把 AI 应用于企业变革、日常生活、人际关系处理、团队建设、社会责任、教育等多个领域，并由此产生出 21 个实际的案例。这些案例非常具体、实战性很强，你完全可以根据你的实际需要，从中选择相同或类似的场景，稍加修改，就可以设计并引导你的 AI 工作坊。虽然在实际引导 AI 工作坊的过程中，你可能会遇到各种各样的问题，但就像我们小时候经常听到的"小马过河"的故事那样，不去尝试，你怎么知道水深水浅呢？

其次，本书架构完整，不仅包括 AI 的基本原理与精髓、核心过程与操作要点，也有实际的应用案例和行动指引。本书作者曾向 AI 的联合创始人大卫·库珀里德学习过，也有多年各行各业包括AI在内的实践经验，无论在理论还是实践经验方面，都是高手。

最后，本书译者张树金先生非常好学、勤于实践，他不仅有很多包括AI在内的团队引导经验，获得过国际专业的引导资质认证，而且中英文功底深厚，本书翻译得非常流畅、阅读体验很棒，堪称佳作。

阅读建议

如果你对AI已经非常熟悉了（不单单只是看过书，必须是参加过专业的培训，并且亲自设计与引导过AI工作坊），建议你将本书作为一本参考资料，摆在桌头，有需要时，直接翻到第四部分，找到与你要设计或引导的工作坊相同或近似的章节，参考与借鉴。

如果你对AI有些了解，例如，看过AI的书，参加过AI的分享、培训或者AI工作坊，那么建议你先快速阅读本书第二部分，了解AI的基本原理与过程，之后有选择性地参照第三部分和第四部分，对你参与的或者要引导的AI工作坊进行分析、设计，从而进一步增进自己的理解，并促进学以致用。然后再根据你的选择，参阅第五部分。

如果你对AI还比较陌生，那么，重点阅读本书第一、第二部分，也会让你有所受益，之后再参阅第三、四、五部分。

需要注意的是，尽管AI要遵循4D的基本流程（参见本书第二部分），本书也给出了大量实例，但由于国情、语言、文化等方面的差异，在具体使用过程中，建议读者朋友秉承"先固化后优化"的原则，在不动大的框架和基本步骤的基础上，对其中的一些具体安排及实际研讨话题，可以适当酌情调整。

当然，要想更快地将 AI 内化为你自己的技能，最为有效的方法之一是及时复盘——你参照本书实例，做完一次 AI 工作坊之后，快速地把整个过程回顾一遍，对照目标，找出亮点和不足，分析根因、把握关键要素，可以从中学到一些经验与教训，并明确后续优化、调整的方向。

学习 AI 如此，学习任何一门技术或学问均如此。

知—行—积：活出 AI 状态

基于二十余年从事组织学习研究与实践的心得，我非常欣赏本书作者在第一部分提出的一个观点：AI 不仅是一种做事的方法，它更是一种生活方式和哲学。其实，学习都有大致三个层次或境界：知（Knowing）、行（Doing）、积（Being）。通过读书、参加培训，我们可以产生觉察和了解（从"无意识无能力"到"有意识无能力"，或者像中国人常说的从"手中无剑、心中无剑"到"手中有剑、心中无剑"）；之后，通过行动，掌握方法，实现知行合一，不仅"知道了"，而且可以"做到"（"有意识有能力"，或"手中有剑，心中有剑"）；其后，通过持续不断地练习，逐步精进，内化于心，形成自己的思维习惯，甚至是进入无意识的状态（"无意识有能力"，或者"手中无剑，心中有剑"）。最后，最重要的是，时刻保持开放的心态（"虚"）、专注（"壹"）以及深入的反思（"静"），就可以做到近似圣人"开悟"的"大清明"状态。

因此，学习和实践 AI 不是一蹴而就的，也不是一个一个项目，而是一个持续修炼的过程。

从我 2012 年翻译《欣赏式探询》那本小册子时，我就曾畅想过：如果世界上每个人、每个组织都能以 AI 的方式，去推动个人与组织发展，创造我们每个人、每个组织真心想要实现的最高潜能，那将是怎样一种恢弘壮观的场面？！虽然我知道达到这样的状态，"道阻且长"，但我们人类不就是这样因不断追求更美好的未来而持续努力进化的吗？

愿我们一起努力！也希望这本书可以帮到你，助你开启更美好的未来！

2018 年 11 月 5 日

中文版作者序

罗宾·斯特拉顿·博客塞尔

（Robyn Stratton-Berkessel）

2015年元月，我收到一封从中国北京发来的邮件，发件人是张树金（Simba）。他写信说很喜欢我的书，想把它译成中文送给中国的读者。我们讨论了蜕变型变革方法论、欣赏式探询和你要读到的这本《欣赏式探询团队协作案例集：21个优势工作坊》。他想把这种世界观与实践带到中国，主动翻译此书便是他可以做的。

我和张树金第一次通过网络电话（Skype）交谈时，他发自内心地表达了对给客户设计和引导工作坊的热情。他非常明确地表明翻译这本书的强烈愿望。他相信书中的流程、原则和实践。通过与他交谈，我觉得他是做好这件事儿的合适人选。我完全相信他对其引导领域的承诺以及对我和我工作的充分尊重。

这一切都令我激动万分。我分享有关AI的知识与经验的目的在于帮助人们最大化地发挥他们的潜能。我写这本书就是要实现我的梦想。与张树金一样，我分享能帮助人们过上美好生活的工具，让人们清醒地认识到我们的选择不仅会给自己，还会给我们的地球家园带来影响。这是第一本介绍在短时工作坊中针对重要主题有效应用欣赏式探询的图书，也是第一本介绍欣赏式探询实践的中文书。

我要真诚地感谢译者张树金（Simba），因为他的努力，让我们有机会一起接触到成千上万像你这样的中国朋友，你们将由此了解到欣赏式探询、积极心理学和基于优势的人与组织发展的方法。更令人兴奋的是，你们可能因此体验到为自己、家庭、社区和组织带来的正向改变。你们将在重要的对话中找寻自己的声音，从而设计你们梦想的生活。

在你读这本书并引导其中的工作坊时，我相信你会意识到欣赏式探询是如何发自内心的。许多领导力和技能培训课程只关注发展的认知层面。有了这本书，我们就能帮助人们走进内心去探询人与人之间的连接和爱的价值。我们的重点是找到为所有人创造更美好未来的语言。我们的语言和关系能给我们带来转变，我们对未来越乐观，就越能生活在充满希望的积极状态中。

现在，就交给你了！

译者序

专业引导者（facilitator）很自然能了解到欣赏式探询（Appreciative Inquiry）。国外有海量欣赏式探询的书籍和刊物，而中文版只在2006年由台湾地区的开放智慧出版社出版过《团队成功的YES基因：肯定式探询一点就通》和在2007年由中国人民大学出版社出版过《欣赏式探询》。这两本都是小册子，主要是让读者初步了解欣赏式探询。作为学习者，我再也找不到中文的学习资料。于是，我就去找英文图书。

欣赏式探询不是看看书、听两天课就能学到家的本事。作为一种变革的哲学思想，它需要学习者在体验中去领悟；作为一套强有力的变革引导方法，更需要实践者通过大量的实操来掌握。国内仅有的小册子对想深入学习的实践者来说不解渴，我希望看到能启发我实操的范例。于是，我找到了这本英文案例集。

在过去21年的求学和工作历程中，我放弃了多年追寻的学术梦，看清了内心的渴望，发现了自身的优势和短板，接受了很多优势管理的学习、训练和实践。因此，当我第一次接触欣赏式探询时，我就打心眼里喜欢，隐隐约约地觉得自己的人生经历与欣赏式探询有着某种连接。于是，我找到了这本既谈积极心理学又介绍优势管理的《欣赏式探询团队协作案例集：21个优势工作坊》。

在我看来，本书是欣赏式探询初学者的超级靠谱引路人。书中不仅介绍了欣赏式探询的起源、流程和原则，还重点给出了21个以欣赏式探询为架构的优势工作坊案例，其中包括明确的工作坊主题、欣赏式访谈的提纲、4D循环的带领过程和时间建议等，这对初学者来说是再好不过的东西。这些案例涵盖了广泛的主题，如变革、领导力、团队、人际关系、社区发展、全球化、多元化、环境、新技术、优势和个人管理等。不管你从事什么行业或工作，总能在这里找到几份拿来就用或稍做调整就能参考的模板。

本书还对比介绍了积极心理学、优势管理和欣赏式探询，此三者从不同视角为我们带来了基于优势的人与组织发展的方法论，相信这部分可以极大地扩展你的视野。这也是我隐约体会到的那种"连接"，它们都是关于"正向组织、提升福祉和人的优势"的。因为曾经困惑过也受益过，所以打心眼里喜欢。

这本书对想要帮助组织做正向改变（Positive Change）的顾问、引导者、培训师、教练、人力资源业务伙伴、经理人等都会有参考价值。如果你有引导（facilitation）的技能和经验，那么本书会给你带来很好的帮助。因为欣赏式探询的项目，从最初的策划、设计到实施和迭代都是协助团队共创的过程。很多时候，不需要你跳出来给答案，你只需要扮演好中立的带领者。

特别感谢华夏出版社的朱悦女士，是她的好奇心与探询精神让我们有了一拍即合的合作机会。还要感谢本书的责任编辑马颖女士，是她强烈的责任心和认真的态度给我在优化译稿上带来巨

译者序

大的帮助。更感谢华夏出版社敢于冒险采纳我的建议,由此迈上通往欣赏式探询的道路。

由于英文基础不好,翻译这本书着实花了些时间,在此特别感谢我太太秉娴,她在我没时间陪伴家人时给了我极大的理解和支持;还要感谢我即将上六年级的儿子其然,他好几次调侃我"老爸,你翻译得太慢啦",给了我努力和加快步伐的勇气。谢谢你们的支持和鼓励!

我深信,书中有些语句第一次读时可能不好理解。除了因为有些欣赏式探询的理念需要在实践中领悟外,更主要的原因可能在于我还没有找到更贴切的表达方式。我尽量用对引导的理解和实际带领欣赏式探询工作坊的感悟来还原作者的意图并把它呈现给大家,这中间很容易出现一些偏差。所以,我诚恳地邀请读者朋友们,如果你发现哪里读起来不好理解,欢迎拍张照片告诉我(zhangshujin@126.com),我会继续斟酌和优化。提前谢谢你!

最后,我想说:实践欣赏式探询的秘诀,不在于你看多少、学多少或者做多少,而在于你如何用欣赏式探询去生活。预祝朋友们活出你的欣赏式人生!

北京准行世纪管理顾问有限公司

张树金(Simba)

2018 年 8 月 31 日于北京

关于本书

为什么这个主题很重要

本书是一部欣赏式探询在学习与发展领域独特应用的合集。面对全球化的挑战与复杂的环境变化，从欣赏式探询的视角会提出这样的问题："我们做过的哪些事情是运作有效的？我们又将如何释放优势与资产来继续前行？"本书中的21个优势工作坊涉及重要的战略性主题，它们代表了在这个相互联系的世界中，在意义建构和资源共享上要实现的更多参与和积极协作的愿望与需求。总体而言，我们已经超越了数据和信息的收集与知识管理，进入到新知识创造和智慧地应用新知识的领域。这些工作坊不仅带来新的积极和智慧的结果，还可能为个人、组织和社会带来蜕变。作为一种变革的方法，欣赏式探询在帮助我们转变如何思考、感知和从事商业活动方面有非常深刻的影响力。

你能从本书中获得什么

如果你是一位领导者、引导者、培训师或组织发展实践者，本书21个高度参与式的工作坊就为组织提供了通过让成员积极参与来释放创造力、想象力与革新力以打造组织能力的机会。合作、创意激发、社会联系、团队建设和学习是参加这些工作坊的必然产物。通过相互尊重的探询，当人们开始共同建构有益于所有可能会受影响的个人、团队、组织和社会的产出时，参与者会更容易地觉察到自己的想法与情绪，更多地了解同事的想法与情绪。

本书的组织架构

　　本书包括简介和五个部分。简介介绍了本书的目的、目标、内容和结构。第一部分介绍了欣赏式探询世界观的背景，说明为什么当前正向和基于优势的模式是商业和社区建设所呼唤的。第二部分介绍了欣赏式探询的基本原则和流程，让你能更加有意识、清晰和有信心地带领这些工作坊并使参与者充分参与。第三部分详细介绍了工作坊的使用指南及相关建议。第四部分提供了 21 个成功运作过的工作坊，可供领导者、引导者、培训师或顾问们拿来就用，或根据实际情况再做定制化开发。第五部分提供了更多使用欣赏式探询或其他基于优势的方法设计自己工作坊的方法。

致谢

　　我尊重并感激生命中的每一次遇见：所有的交流和关注都影响了我，并在我的工作中有所体现。我同样尊重自己的直觉和激情，让我愿意踏上某些不知道为什么、要如何以及在何处的道路，但我相信，无论发生什么，都是唯一的和美好的。

　　在我的职业生涯中，有四位关键人物深深地影响过我：麦瑞琳·埃默里，是她让我第一次接触到真正的参与式实践和用探索会议为员工赋能；哈里森·欧文，是他让我学会了使用开放空间时，真正地相信人要胜过相信流程；约翰·芬德雷，他通过技术手段与我们共同思考和理解事物的热情，给了我出版第一部个人作品的机会；大卫·库珀里德，他是欣赏式探询的创建者，他所做的一切都持续地鼓舞着我，我每次听他讲话时都会心跳加快。我从心底里感激他们。

　　就个人而言，我非常感谢同事和家人的支持。尤其是我的两位同事：凯西·约瑟夫和琳达·克劳博士。她们阅读了我的书稿并帮我厘清思路，我对她俩非常感激！我的丈夫于尔根，他是一个非常有天赋的男人，他安静平和的存在及给予我的支持与耐心使我的工作变得非常快乐。我深深地爱着他！

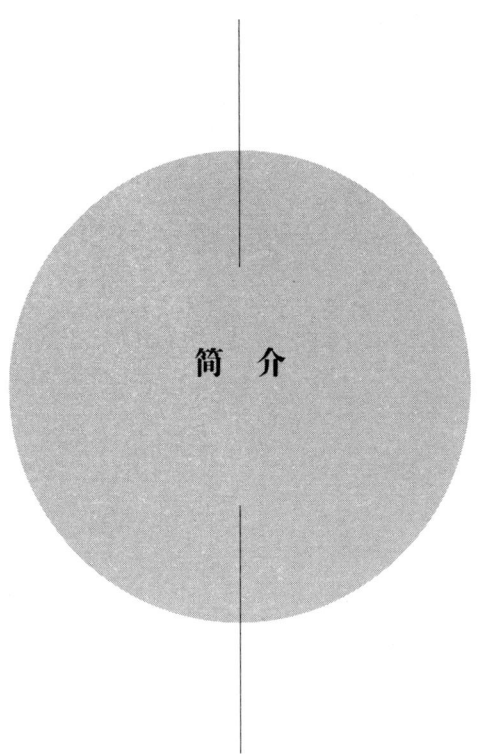
简 介

简 介

你之所以能读到这本书,有一半的原因是你已经知道了一些欣赏式探询(Appreciative Inquiry)或其他基于优势的方法。如果你是知道欣赏式探询的那部分人,也许正在寻找新的以欣赏式探询为架构的工具来丰富自己的工具箱,以便为自己和客户带来更大的影响。如果你是那些刚刚了解这个方法的人,你可能正好奇地寻找创新的方法来让组织或社区成员重新恢复最初的活力,以及个人和职业的自豪感。通常,积极心理学会关注人的才干和天赋。有研究表明,当人们发挥优势时,他们的表现和满意度就会提高,生产力也会提高,他们会有更多发挥全部潜能(白金汉和克里夫顿,2001年)的机会。这完全背离了长期以来"要帮助别人获得最佳表现就得努力克服弱点"的观点。这一点可被如下事实证明:在全球范围内,只有20%的雇员认为自己每天都有机会做自己最擅长的事(白金汉和克里夫顿,2001年)。

本书是为那些想要帮助人们改变世界的变革推动者、领导者、培训师、引导者、组织发展专业人士和顾问写的!书中有21个实用、有价值和随时拿来就能用的以欣赏式探询为架构的工作坊。所有21个工作坊的主题都与当今世界紧密相连,经过采用欣赏式探询的架构设计,它们适用于全球的企业、地方社区、中小学、高校、政府机构、非营利组织、非政府机构、行业集团、实践社区和小微公司。

我写这本书有三个目的:

1. 引导者只需做很少准备就能引导书中的任何一个工作坊

（最佳的引导者应该是那些有引导经验，不管是否有议程都能遵循过程带领的人；是那些对参与者通过沟通学习来显现事物本质的过程很熟悉，并认为自己无须跳进去给答案、做救世主或控制的人）。

2. 所有21个工作坊都能用来将原有的组织文化向基于优势的文化转变。

3. 参加任何一个工作坊都能促进人们更有意识地觉察和建立合作的心智模式，这种心智模式不仅能改变人们的表现，还能潜移默化地使其发生蜕变。

什么是欣赏式探询

欣赏式探询是一种正向和基于优势的参与式方法，旨在发现人及其所处组织中最优秀的部分。从广义上来讲，我们将欣赏式探询称为一种方法。作为一种方法论，欣赏式探询被应用于人与组织的发展领域，并且是有着扎实理论基础的一套原则、实践和程序的系统。欣赏式探询既是立于世又是行于世的方式（既是哲学又是实践）。其基本信念是：每个生命系统都有其运作有效的部分；在这样的系统里，人们在其生命中有过某些成功、满意和积极的经历。30年前，欣赏式探询的联合创建者，当时还是博士研究生的大卫·库珀里德就注意到，当组织中有较高水平的"积极合作、创新与平等治理"时，员工的投入度就会较高（沃特金斯和莫尔，2001年，第15页）。他对这一发现感到非常兴奋。在导师苏雷什·斯里瓦斯塔瓦的鼓励下，他继续这项振奋人心的研究。后来欣赏式探询这个名称就产生了。要知道，库珀里德是非常喜欢给人们讲这个故事的。据说，有一天，他向身为艺术家的妻子讲了那些研究中让人感到积极、有趣的发现：在人们谈到对自己和组织的看法时，他们表现出很高的积极性与"活力"，看起来当他们用珍视的眼光看待情况时就会呈现出完全不同的举止和态度。他妻子以艺术家的眼光指出，那些人是在用欣赏式的眼光来看待这个世界。于是，这种探询方法就被命名为欣赏式探询（Appreciative Inquiry）。

当你使用欣赏式探询让人们分享成功故事的时候，你实际上是帮助参与者触及自我的心智模式、信念系统、价值观、动机、希望和梦想。人们在这样的讨论中倾听彼此的故事，分享他们的知识，人与人之间的谈话变得富有生成性，大家共同创建新知识，共同设计创新式解决方案和运作方式的机会就会增加。一旦人们转换视角，从珍视和优势的角度看待自己和他人，人们的积极性和表现都将被放大。

欣赏式探询的首要目的是通过对选定主题毕恭毕敬的探询，来最大化地发现团体和组织中已经存在的优势和能力。由于有意识地觉察了这些已经存在的优势（被称作正向核心），通过提升能力来拥抱变革和创建组织价值就会变得更加容易和鼓舞人心。一旦参与者有了信息和知识，去想象未来与合作设计实现的方法就会变得更容易。例如，某个团队有些抵触或难以适应新技术。你可以选择本书第四部分的"珍视技术"工作坊,帮助他们转变为"我们以前做过,在我们已有的优势基础上,我们可以再做一次——甚至做得更好"的心态。参与者会在这个工作坊中探讨每个人过往和当前使用技术的经历。他们在使用技术方面可能有好的或糟糕的经历,但在这样的工作坊里,大家只关注那些好的经历,也就是技术很好地服务过他们或别人的经历。从发现过去对他们运作有效的(他们已经能做的)地方开始,人们去设想如何适应现有的技术甚至去提高它。他们还会找出自己可能需要的培训以便更自信地使用这些技术。在与他人对话的过程中,参与者从已知走向未知,这个过程中没有专家告诉他们怎样做。当他们相互协作迈向新的可能性时,抵触心态就会逐渐消失。这是欣赏式探询被称为"对人、组织及其周遭世界最佳部分的合作与共同进化式探询"的一个例子(库珀里德、惠特尼和斯塔夫罗斯,2008年,第3页)。

从传统角度上看,当出现抵触或因为问题带来紧张或冲突时,人们的表现就会受到负面影响,或者当发现有人态度不是很好时,这些就会被视作要解决的问题,并且往往被视作"需要用培训来解决的问题"。这类问题的解决方案通常是组织大家坐在教室里,由专家告诉大家如何用不同的做法来"解决这些问题"。人们的确可以通过这种方式学到很多技巧,也会有好的结果。但还有一种可能,就是通过体验式学习,透过对话与反思从人们自己的经历中学习。在与他人建立关系的过程中,当我们去分享彼此的经验和现况时,大家的想法就会开始重叠和交织,就像在一个高绩效

简 介

的团队里那样，我们很快就会发现大家正在共同建构新的现实与可能性。很多人其实都知道还有什么是可能的，也知道自己还能多做些什么。我们需要的是让自己继续下去的条件和架构。我们真的希望成为自己命运的积极参与者。欣赏式探询是一种促进人类意识与行为积极转变的方法。

本书包括什么

本书的特点是在工作坊和培训的设计上采用了欣赏式探询。自20世纪80年代末以来，大多数介绍欣赏式探询的书籍或文章都是学术性的研究案例，包括我自己在内的很多人都很喜欢这样的学习资源。然而，本书却有所不同，它采用了欣赏式探询的原则与流程，并将其应用到实际的、处理日常工作和人际关系问题的工作坊中，这能让组织成员从基于优势的视角来分析问题并创建可能的解决方案。例如，你会看到一些经典主题的工作坊，如团队建设、领导力和变革；你也会发现一些新主题，如文化的多样性、企业社会责任、代际混合与社交媒体等。

简介之后本书分为五部分。第一部分介绍了写作背景。没有背景就没有意义。当前让欣赏式探询有意义的背景是什么呢？这个世界上正在发生着什么，让基于优势的方法和积极心理学成为我们教育子女、追求福祉、谋生和为世界带来积极影响的备受欢迎的方式呢？欣赏式探询用讲故事的方式帮助人们把过去最好的带到现实中并把它投射到想象中的未来。正是这种结构让欣赏式探询的体验变得如此强大，使其有可能改变人生。过去和现在的优势实际上是通往未来的想象的跳板和人们拥抱命运之路的基础。这种探询本身就是一种对优势的强化。如果我们选择专注于做得最好的，那我们就会更加欣赏自己过往的故事，就会更加清楚我们未来还可以做得更好。此外，随着市场、政治、人口结构的变化，和因社交媒体工具的迅速发展而快速改变的全球环境，这让增强参与感、提高投入度、让用户生成内容等都变得更为必要。

第二部分简单介绍了欣赏式探询的理论基础，包括积极心理学和其他对人与组织发展的新模式有贡献的优势方法。在我去世界各地引导欣赏式探询和训练专业人士学习这个方法的时候，我发现：培训师、引导者和顾问们对这个方法非常感兴趣，他们非常希望更深入地学习一些不同的应用以及关于欣赏式探询为什么有效和如何运作的知识。我在本书中提供了带领欣赏式探询的简要原则与流程，便于你能更有意识、清楚和有效地带领这些工作坊。

第三部分和第四部分是本书的核心——工作坊。每个工作坊都以根据欣赏式探询设计的一系列问题为结构，以积极的方式推动参与者前行。每个工作坊的议程都是从"我们已经运作有效的是什么？我们如何基于优势继续前行？"来描述。参与者对特定主题的问题有了广泛的理解，并产生了想法、提议和实施的行动。因为遵循了欣赏式探询的架构和流程，这些工作坊的设计与传统的在组织、机构或家庭中盛行的以问题为中心的方法有着根本的不同。肯定式语言和提问的顺序让参与者快速进入心流状态并获得充分的参与。当我们处于心流状态时,我们会感觉到自己会非常专注于一项让我们充满活力、高度集中和带来满足感的活动。

作为参加欣赏式探询过程的结果,参与者可以:

- 发现个人和组织已经存在的优势——我们称这些优势为"正向核心"
- 凸显出已经存在的最好的东西,把集体光芒投射到想象中的组织的未来
- 在打造未来的能力上共同建构能做的(实际上)和应该做的(道德上)
- 扩展和放大有效的部分并对持续更新、学习和创新保持开放心态

短时间内就能得到这样的结果可能让人感到惊喜。有了经验丰富和有针对性的引导、问题设计和肯定式语言,参与者就能保持高度的投入和专注。已有的知识被分享,新知识被共创。在大多数工作坊结束时,引导者会邀请参与者谈谈对本次经历的感受、分享个人的承诺。在这些看似微小的行为中蕴含着新的、潜在的伟大开端的可能。

所有工作坊都有一个便于领导者和团队成员赋予组织能量、让人们参与到为有意义的和可持续的解决方案而协作的框架。基于优势的设计能让积极、正向的方法通过强调人与组织的优势来解决问题,而不是把大部分能量放在只强调问题的消极恶性循环

上。这种设计从一开始邀请参与者分享他们最精彩的故事起就使得参与者彼此关注。此时，那些认为自己没有"良好倾听技巧"或同理心的人会发现，其实他们能够展现出这些良好的技能。面对一个人并全然地投入在他身上，体验另一个人全然地为你而存在，会带来扩展和放大繁荣成果的积极效应。

在不到半天的短暂时间里，工作坊的氛围和内容会让参与者重新与个人的优势相连接，发现集体优势和想象未来的可能性，共同设计需要做什么方能为本地和世界带来可持续的差异。

第五部分提供了更实用的指导，包括技巧、方法和见解，以便引导者扩展技能，并遵循欣赏式探询的原则与流程来设计自己的工作坊和培训。如果需要的话，可以随意调整书中的21个工作坊，让它与你的需求更相关。改一改，换成对你的团队有用的语句或提问。作为引导者或领导者，你可以定制开发这些工作坊以符合特定的业务需求、组织挑战、学校或社区的情境。第五部分的技巧能够帮助你，让你的调整与欣赏式探询的架构保持一致。

本书的目的是让基于优势的引导变得更容易，并提供能够根据欣赏式探询设计工作坊和培训的工具。任何欣赏式探询的目标（无论大与小）都是让社区拥有自己的命运并保持持续学习和适应的迭代循环。因此，引导完书中某个工作坊后，有必要召开跟进会议来继续扩大势头，认可团队的贡献和改变。在过渡到参与者合作共创的新方式前，保持原有工作坊的基调和连续性是非常重要的。

简介

如何使用本书

如果你在凯斯西储大学、陶斯研究院、国家培训实验室（National Training Laboratory）或其他任何被从业者认可的全球知名机构学过欣赏式探询的话，那就直接翻到第四部分看哪个工作坊能满足你的第一需求吧。如果你参加过欣赏式探询峰会或欣赏式探询的说明会，或读过一些欣赏式探询的东西，强烈建议你读一读第一部分和第二部分，尤其是第二部分。买几本"参考文献"中的图书，也可以扫码本书封面上提供的"读者小助手"二维码，这个群会免费为你提供更多的 AI 学习资源，包括本书原英文阅读链接；介绍欣赏式探询内涵的 TED 演讲；还有更多有关欣赏式探询的网站。它们能让你学到更多。如果有些内容你还不是很清楚，请在第二部分或第五部分中寻找答案。这两部分为整体流程的不同环节提供了详细的步骤。如果你对背景和作者感兴趣，第一部分会满足你的好奇心。

欣赏式探询对组织的价值

在商业环境中，选哪个工作坊取决于工作坊的主题和内容是否有利于发展商业策略、支持领导者、让员工参与和为员工赋能以建立个人和组织的能力。幸运的是，这些工作坊的欣赏式设计能带来积极影响个人和企业表现的结果，尤其是当具备了好的商业结果与好的关系、在本质上是相互交织在一起的思维模式和组织文化时。

带领某个工作坊时，你要注意的最大问题是："我不仅要为在场的人创造价值，还要为工作坊之外更广泛的社区利益相关方创造价值，让他们的存在也被感受到。"他们可能是客户、供应商、领导者、团队成员、股东和家庭。在这些工作坊的背景下，创造价值的提问弥合了高敬业度、高效团队、活跃的创造力、增强的声誉、知识共享、信任与忠诚所带来的所谓无形效益，以及高生产率、销售收入、利润、低成本、营业额、抱怨、不满与浪费所带来的有形效益。

你要寻找的是人们积极的表现与积极的财务结果之间的相关性。如果你能跟踪积极的表现，如满意的客户、更健康和有动力的员工以及其他相关的绩效改善指标，将这些指标与改善的财务结果关联起来，你便能得到一个所谓"软的"正向干预带来真正"硬的"正向结果的商业案例。如果组织文化已经倾向于通过欣赏的视角观察世界和看到整个系统的动态关系，那么创造和扩大繁荣社区的机会就会大大增加。

第一部分
背景说明

第一部分介绍了本书的写作背景。过去 10 年是优势运动和积极心理学繁荣发展的 10 年。欣赏式探询服务于各种背景下的积极变革已经长达 30 年。这些聚焦于人与组织的正向发展并基于优势的新式方法已经到来，我们做好准备了。

作者的个人背景

"好奇害死猫"是奶奶总爱跟我说的一句话。小时候，每当我研究新东西或想问"为什么"时，想到这句话我就会变得沉默，我会被"害死猫"的想法弄得心烦意乱。

妈妈也会在我没完没了地问"为什么"后唉声叹气地说："因为这是我说的。"

"Y 是一个有弯儿不能拉直的字母。"我只好停下来仔细想想为什么要把弯拉直，而不敢去问"为什么"。

父亲也会提醒我"注意着点吧"。这些让我无法理解。

尽管有这些过往的斥责，但好奇心、对学习的热爱和寻求新思想的渴望似乎一直指引着我。如今，每当我接触到新领域时，我都会被召唤到更远的地方去探索，例如角落里有啥、山丘上有什么或地平线上有什么等等。当我发现自己能够学到新东西以及有新的想法去激发可能性和某些假设时，我就会感到非常满意。因为有了多年跟随这种本能的经历，我现在懂得：有好奇心、热爱学习、喜欢收集想法和会看到事情之外的画面是我拥有的突出的特质，这是我的显著优势。当我在生活或工作中发挥这些优势的时候，是我最满意的时候。

因此，当我第一次听到"欣赏式探询"，尤其是一位很让我信赖的同事说"你会喜欢上它的，因为它能帮你发现人与组织中运作有效的东西；欣赏式探询是变革中的积极革命"时，我的神经就异常兴奋起来，脑子里火花迸发。作为变革引导者，我的强项是用多年来学到的各种工具和方法设计和引导我的工作坊，我也在不断寻找新的工具来丰富自己的工具包。不管是我找到了欣赏式探询，还是欣赏式探询找到了我，这对我来说都是一份礼物。它加深、拓宽和增强了我生活与工作的方式。这里面包含一种用欣赏的视角来看待世界的实用框架。它从运作有效而不是失效的角度解决问题，它寻找人与环境中最好而非最坏的部分。欣赏式探询的世界观把人与组织视为优势与活力的源泉，这是一种范式的转变，因为它从正向开始并沿这个视角开启变革。我立马与欣赏式探询产生了强烈的共鸣。这与我本能地习惯把杯子看成半满而不是半空的想法是一致的。人与组织都是有生命的系统，这里面不仅堆满了有待解决的问题，还充满了有待于我们去欣赏的无限的人际关系、创新、创造力和走向卓越的能力。

作为一种以生命为中心的变革过程，欣赏式探询关注的是我们最好的一面而不是最坏的，是我们的优点而非不足，是对可能性的思考而非对问题的思考。欣赏式探询是一种拥抱组织变革的肯定式方式，也是一种变革方法。这种变革方法拥有每个系统都有其运作有效的部分的视角，这种有效的部分能促进系统提高活力、有效性和成功率,并将其以健康的方式连接到系统的利益相关方和更广泛的社区中。当我们彼此敞开心扉并真正地连接时,就会发现彼此的交集,并从人性的共同点出发,开始分享梦想与渴望,并用不同的方式来解决问题。我们这样做的方法之一就是讲故事。通过讲述彼此的故事,人们就超越了彼此的差异,因为我们能发现自己与他人的普遍性连接。"请记住,你无须害怕那些知道你故事的人,真正的倾听总是让人们走得更近。"(惠特利,2002年,第145)了解了这些之后,我来讲一些自己的故事。

16岁的时候,我号称自己的职业目标是"将人们的潜能最大化"。除了我想帮人们过最好的生活之外,我当时并不知道这里面还有什么意思。在这种直觉下,多年后我甚至会说这就是我的使命。我的"将人们的潜能最大化"多了一些伪装。我在许多方面都做过贡献,以多种角色在不同的行业、国家和文化中转换职业,总是热衷于接受新技术和不断发展的方法论。随着时间的推移,我不断地学习和成长,我越来越有意识地生活。这意味着两点:第一,我注意到许多思想、情感、形象、联系、判断、冲动和欲望闪现在我清醒的头脑中,并让我反思它们是否与环境相融;第二,我越来越关注生命本身的神秘和壮丽,去培养一种令人惊奇、感激和积极促进人类精神发展的愿望,使它有益于全人类和整个宇宙。

2003年,我在凯斯西储大学(Case Western Reserve University)跟着欣赏式探询的合作创建者大卫·库珀里德体验和学习欣赏式探询。从既有优势和发现最健康与最具活力经历的思维模式中去着手变革,听起来是非常吸引人的。这是一种拥抱整体性的方式:将"组织"视为人类关系的中心,成员们被邀请在那里通过分享他们表现最佳的故事来相互学习。这是一种基于卓越的故事,通过想象力来梦想渴望,进而为工作和娱乐设计蓬勃发展的环境,使我们脚踏实地的现实和最高渴望相结合的方法。学习积极心理学如何随着时间的推移来增强我们的韧性,并助力我们的健康与幸福,这是非常令人兴奋的。我重新振作了起来并找到一种方法,即从健康积极的而非传统的"无效"或"我们有问题"的心智模式上开启变革。反思我的生活与职业,我意识到,如果我早期就能意识到自己与生俱来的天赋和优势,那会多么令人愉快、高效和健康……这是我的真心话。想想与我生活和工作过的所有人,他们的生活可能也会因为这种方法而变得很轻松!虽然在生命的早期,我就直觉地认为自己的职业目标是最大化人们的潜能,但我却花了一生的时间来增加知识、寻找适合的工具和发展技能,才达到现在的水平。

觉 醒

本书是为引导者、变革推动者、培训师和领导者们所写的。这是一本实用的入门书,可以帮你轻松、高效地把欣赏式探询和正向的基于优势的方法用于组织和社区。当你继续阅读并对这些方法有更多了解时,你很快就会意识到,欣赏式探询不仅是一种以实用、激发活力、协作和生成性方式做事的方法,更是一种生活方式和哲学。作为协作工作坊的设计者,我写这本书的目的是:在对自身优势的认知得到提高后,激励你去体验工作和生活所能带来的价值与快乐;建立你的积极情绪比(弗雷德里克森博士,2009年);随时能意识到你自己的思想、感觉、行为和互动方式。欣赏式探询是一个整合这三个目的的过程。它是通往充满信任、蓬勃发展与和谐环境的途径。

作为培训师,通常我们会鼓励参与者获得新知识、技能和态度,以在无意识、有能力的状态下工作。我们的目的是能在无意识的状态下展现自己的能力,也就是说,我们可以不假思索地做事情。随着技能水平的提高,我们的表现会变得更轻松。还记得学习新电脑程序的情况吗?在开始新的尝试之前,我们并没有这方面的技能,我们不知道自己不知道什么。我们称这个初始阶段为无意识无能力阶段。我们只是随便应付一下,但很快就发现其实自己还没有完全胜任。我们意识到自己需要一些培训或辅导来达到一定的水平。

通过培训和辅导,我们不断地研究并获得技能上的提升。我们凭着记忆操作某些功能,但还有一些功能必须要参考手册,有时还可能犯一些错误。我们感到有些尴尬和难为情,还没有十足的信心。不过,此时我们却来到一个新的境界。我们已经意识到自己不知道的事情,所以我们到达了有意识无能力阶段。在意识到自身无能力后,我们吸取更多经验,关注需要学习的东西。我们的表现会进一步提高,最初的压力也会减少,因为我们越来越意识到自己的能力正日益增长。现在我们会表现得更加轻松和舒适，因为我们已经到达了有意识有能力阶段。随着时间和投入的增加，我们到达无须参考手册或特意去想就能操作软件的阶段。这就像骑自行车一样，操作软件已经成为"我们的第二天性"，我们能做到了。我们可以在无意识有能力的状态下操作。我们从最初的无意识无能力水平发展到有意识无能力的水平，再到有意识有能力的水平，最后达到无意识有能力的水平。

在无意识有能力的状态下，工作可以让我们在心理和身体上免受超负荷的刺激，我们能有效地行动，但只有这些还不够。我们似乎正从自动驾驶和敷衍了事的自鸣得意中觉醒过来。保持在这样的水平上不会最大化我们的所有潜力。20世纪初以来，神经科学已经告诉我们许多关于人类大脑的伟大之处，这是非常令人兴奋的。尽管我们已经想过所有的事情，但还是有很多我们可以学习的。我们不仅在科学上有令人兴奋的发现，在技术和社会方面也进步迅速。作为下一代的培训师和开发人员，我们的工作远不止做技能、知识和心态的培训，让我们的客户在无意识有能力的状态下工作。如今，去超越无意识有能力的水平是非常必要的。要完全参与到我们一直以来都在其中的复杂且与我们相互依存的世界，我们理所当然要作为全意识的人类来拥抱生活：唤醒自我并发挥我们的最大潜能，这样我们才能最充实地生活。要做到最好，就要最大限度地发挥我们的潜力，识别和尊重我们的优势，持续发展它们并帮助他人投资于自己的优势。

为了帮助我们朝这样的方向前进，我们需要培养另一种能力：

反思能力。这个词最初出现在教育和社会工作领域，是指在特定情况下能够充分意识到自己、自己的想法和感受，即能在整个背景中看到它们之间的相互动态。这就好比你像一只蝴蝶落在墙上，作为"第三方"观察所有正在发生的事情，包括你如何建构自己的角色，以及对其他相关人员做出的回应。你就像身在电影剧情里，看着电影在自己的眼前播放。在组织环境中，我们已经超越了简单的数据收集者、信息用户和知识管理者而成为新知识的共同创造者。我们这个时代的希望和可能性是将我们的新知识、技能和增强的意识运用到我们的家庭、学校、医院、社区和企业中。

转变模式

> 科学历史学家可能会忍不住宣称：当范式发生变化时，世界本身也会随之改变。
>
> ——托马斯·库恩

作为澳大利亚悉尼大学的一名学生，我被告知，这个世界的新理论要花大约 30 年才能成为主流。成为主流意味着新的理论、概念和知识将被人们接受、整合甚至取代主流的范式。尽管我们在过去 20 年里经历了电子革命以及信息共享的加速和增量，但我们在采用和应用新知识方面依然发展缓慢。人类待在熟悉和舒适环境的能力是天生的。"如果还没坏，为什么要修呢？"一直以来这都是一个主流的世界观，它支持一种普遍的范式，那就是只有等到事情失败、出错、暴露出弱点或问题时才去改善某个系统（不管是人还是其他事物）。

首先，关于"弱点"的老套模式，在我们大多数的家庭、学校、机构和每天工作的地方上演着。被称为弱点或问题的行为、过程和决定会首先引起我们的注意。我们关注的是"需要处理的问题"。因此，那些能很好地发挥作用并给我们带来成功的行为、想法、感觉、决定和过程却不能吸引同样的关注或资源的投入。我们把精力、金钱、时间、才智和情感投入到那些对我们无益的事情上，而不是让我们更容易得到回报的事情上。很简单，我们关注什么就会得到什么。赛马场的赌徒不会把他们辛苦赚来的钱押在最弱的马匹上。他们要赌最好和最强的。赛马的主人和训练师要为培育和发展每匹马的优势而投资。这并不是说他们要低估或忽视马的弱点。他们的工作原则就是要让投资回报来自开发每匹马已经具备的先天优势上。

在接受铁人三项训练时，自行车是我的强项，跑步第二，游泳是我最弱的项目。我要想表现得最好，就要把自行车骑好。我骑车时可以找到这样的感觉：当我骑上自行车的时候，我的身体与道路平行，双腿在踏板上飞舞，身体的运动节奏让我感到兴奋。当我挑战自己、骑得越来越快时，风儿在我身边流动。这虽然是一项艰苦的运动，但也有它纯粹的乐趣。然而，在训练跑步时，我要花费更多努力才能感受到痛苦后的快乐。不管做多少训练，我都难以让跑步时的快乐感觉超越骑自行车。提到游泳，我接受训练只是为了参加铁人三项比赛(控制损伤)。游泳对我来说是一件苦差事。我不会获得如骑自行车时的快感。如果我把所有时间都放到最弱的项目上,就会影响自己的整体表现,肯定也会降低我参加铁人三项比赛的乐趣和回报。

同样,如果你是一位成功的游泳教练,你要了解所有队员的优势和不足。为了更好地发挥团队效能,你要投入更多精力来开发队员的优势以提升他的表现。你还要与团队成员一起克服他们的弱点以防止对身体的损伤。你最大化投入时间、精力和金钱的目的是要开发每个队员的优势,所以不会只关注每个人的不足而牺牲他们的天赋与优势。

在运动场上我们似乎懂得这一点。然而,当换到组织环境时,我们却正好做反了。绝大多数领导者仍然认为我们需要消除不足来获得最佳表现。彼得·德鲁克是领导力和管理学方面最有影响力的思想家之一。他强调:领导力的任务就是打造和强化组织优势而让弱点显得无关紧要。不足是不容忽视的,但要发展和提高表现,就必须把精力集中在已经有效的部分上。有一次,我为一家客户的一批很有才华的女士提供教练服务。在参加第一次辅导时,这六个人(被教练者)都带上了360度业绩评估报告。每个人的第一个动作都是翻到报告的最后一页,指着经理给她的反馈意见说:"这是我的一些不足,也是经理想让我提高的地方。"每位女士都复述着经理想让她改进的想法,都认为经理的观点是公道的,并且自己也很愿意去改善,因为这将有助于她的职业进步。

我恭敬地听完后说:"了解大家这些信息很重要,但这并非故事的全部。现在我想请问，在你所扮演的角色中，你做得最好的是什么？这种最好的状态表现为：当你努力做到最好时，你会觉得很有成效；工作虽然有些挑战，但非常令你满意；在你觉得全身心投入时，时间就像在飞逝。"当我以这种方式提问时，99.9%的情况下人们的反应都是沉默、困惑、发呆，然后身体会出现一些明显的生理变化。一丝羞怯的微笑浮现在脸上，稍微放松一下肩膀让身体变得放松一些，然后便是努力地做出一些回应。通常，刚开始的时候这会是一种挣扎，因为我们的教育在传统上是寻求纠正坏的而不是奖励好的。我们大多数人都很难谈论自己的优势和才干。有关神经科学领域的最新研究也支持了优势运动，脑细胞会从我们的成功而不是失败中学习。由此可见，当我们更自信地发挥优势而不是更艰难地克服弱点时，我们更容易取得成功。

组织的背景

组织文化就像人的个性一样不尽相同。很多组织会采用新方法和新工具，争取把所有人的"声音"带到会议桌上。为创造公平的竞争环境，在社交媒体的帮助下，参与式、包容性决策和全球化协作的增强变得越来越普遍，这有助于使我们的能力更具体验性、趣味性和参与性。尽管如此，大多数组织的出发点还是关注那些无效的行为，例如，只有当领导或管理者觉得员工没有表现好时才要求他们改变或进行培训。他们会抱怨"这个得做培训"。我们当中有多少人曾经被要求，去解决在执行重大变革时因为没有告知（更别说是包括）员工新的战略、新的组织架构、新技术、系统、流程、政策或程序而带来的"培训问题"？人们的期望往往是，无论新的设计是怎样的，员工们都能适应并在没有支持或新策略的前提下保持组织的顺利运行。从心理学上来讲，克服焦虑和挫败感的一种方法就是用对习得性无助的回应来抵御它，因此伴随而来的是依赖的行为和被压抑、沮丧的想法与感觉。

几年前，我在澳大利亚墨尔本的一家大型跨国顾问公司带领一个12人的顾问团队。有一天，老板找到我，他看上去有点沮丧，因为我没有像他希望的那样严格管好我的团队。他递给我一支笔，指着挂在办公室角落里的白板，让我画一下组织结构图和汇报关系。虽然对他的要求有些惊讶，但我还是毫不犹豫地画了一个圆圈，把自己放在圆心与边缘之间，并特意把每个成员放在圈内，因为我认为大家是相互联系的，对我来说同样如此。我把老板放在了圈的边上。

我曾经以为他很温和。但在我画图时，我感觉他的头发都竖起来了，满脸通红。他用非常克制的语气说："难怪你管不好！"他从我手里夺过马克笔并咄咄逼人地在白板上画了另外一张传统的组织结构图。他在树状图的顶端（在一个格子里），下面用一条直线连着我（也在格子里），然后在我下面用直线连着其他12位顾问（没有格子）。我试图解释我所画的结构图背后的想法，但他不想听。我在那里工作了5年，这段经历让我认识到，自己的天赋和优势可以更好地运用到其他地方。我的结论就是，我有潜力在一个不同的环境中获得更好的发展。

命令—控制型的组织结构不是促进人类繁荣的最佳选择。关于命令—控制型结构对承担责任、发挥创造力和展示创意会起到抑制作用的书已经出版了很多。随着时间的推移，命令—控制型结构会创造出依赖的文化。当老板做所有决定并承担所有责任时，员工主张任何形式的领导力的意愿都会被削弱。在这种情况下，员工也许会尽其所能地用现有资源把事情做好，能为自己的行为承担全部责任并对老板负责，但通常也就如此。他们做好工作的自豪感被没有人更多地注意到自己、没有得到充分和广泛认可的失落感所抵消。随着时间的推移，这种状况会越来越差，团队的积极性和士气开始下降。在一个不被鼓励和剥夺了权力的工作场所里，人们的想法没有被倾听、全部潜能没有被发挥，因此他们就不会有最佳的表现，责任感、活力、参与和可能性思考的精神就会消失。

新的影响

从系统动力学的角度看，开放系统中其他力量（经济、政治、环境、科学、社会和文化）的影响最终会在本地层面（我们的工作场所、社区和地区）体现出来。我们将比以往任何时候都更能意识到所有这些动态的相互依存性。这些元素的相互作用似乎在加速，这意味着走向市场的时间也加快了，而这就需要由执行任务的人来决定。等待高管们支持所有决定已经不再能产生最好的结果了。此外，劳动力人口结构随着Y世代、千禧代或网络一代（这些称谓都是指从1977年至1999年出生的人）的涌入而变化，他们开始进入工作场所并将在未来10~15年内成为占主导地位的就业人口，这会给工作场所带来全新的面貌。这代人有着全新的期望。他们被贴上"能人"的标签。有些人的父母有能力也慷慨地满足了他们许多需求，这也许是他们被称为"娇生惯养"的一代的原因。他们是与技术联系最紧密、最有悟性、最社交网络化的一代人。他们是虚拟问题的解决者，寻求在友好与灵活的环境中做出贡献的机会。这种新型劳动者以目标为导向，态度积极，对人人都被尊重的分享与协作的团队文化保持开放。他们有很强的信心、拥抱挑战、渴望发展，他们依靠认可和反馈来茁壮成长。他们寻找有意义的工作，期望领导者参与并尊重他们的知识、技能、创造力和企业家精神。

从马斯洛需求层次理论（1943年）看，对于网络一代，至少是在富裕地区，由于他们的生理、安全、归属需求早已被满足，那在他们进入工作场所后，相比以往世代的人，就要更迅速地满足他们自尊与成就的需求吗？事实上，对自我实现的需求似乎就是他们的工作方式——他们想要改变世界。当庇护、食物、安全、舒适被视为理所当然的时候，被爱和被关心的感觉就会促进自信与开放，就有足够的精力和注意力集中在成就和更高的目标上。事实上，网络一代非常有自我意识，关注个人成长，发挥自身潜力并愿意为人类与地球服务。

时代的呼唤

　　新的就业大军,会成为明天职场的领导者,这些人进入职场后的渴望给了我们巨大的希望。积极心理学为我们如何继续培养这样的人才提供了可靠的理论。有了最佳的机能就能让个人过上最好的生活,改善福祉和提高生产力,我们的家庭、学校、工作场所和社区就会变得更好。这一代技术精英与聚焦人类优势和最佳福祉的积极心理学的融合,会加速社区和工作场所的蓬勃发展。

　　这个世界所呼唤的主题比以往任何时候都清晰。我们开始更有意识地思考以确保今后几代人的未来。似乎有一股集体的风潮正呈现出来。在21世纪的头10年里,世界的确发生了变化。这颗星球上的公民几乎在每个领域都达到了临界点。很多人呼唤在跨文化中要有更多同情和理解;工人和股东们呼吁金融市场上要提高透明度和诚信;消费者寻求能保护自然资源、健康的产品和服务。在这些积极和重要的系统性变化之外,我们的沟通渠道和流通性变得更容易、快捷、深远、协作化和富有同情心。出于好奇心,许多情况下我们要了解这个世界,越来越多的人特别是网络一代,正在与遥远国家其他文化的人们连接在一起。我们发现这些连接是伟大创新和灵感的源泉,能让我们触及自己的创造力和想象力。社交媒体,包括网络、维基、博客、播客和视频,让我们成为一个世界。我们越来越多地选择在线社区,在那里我们可以找到共同兴趣、共享的激情、连接点和归属感。电影和娱乐已经变得越来越多元和跨文化。我们一起笑,一起哭,共同庆祝我们整个人类。

围绕着新的乐观主义、希望和可能性所产生的构想,会带来令人兴奋的能量,通过分享新想法(一些已建立和许多激进的)和在网络与社交媒体上合作创造新知识来进行病毒式的传播。就像要和这些创新的与世界互动的方式保持和谐一样,积极心理学和像欣赏式探询这样基于优势的方法,也在适时地帮我们理解在这段历史中所经历的一切。这些方法让我们从哲学、心理学和精神层面再次与最好的自己相连接。

第二部分
欣赏式探询和正向、基于优势的人与组织发展方法的概述

第二部分　欣赏式探询和正向、基于优势的人与组织发展方法的概述

第二部分概述了欣赏式探询、积极心理学和两种基于优势的方法。它们协同地对人与组织发展领域做出了重大贡献。

优势交响曲

"假如优势与优势结合，那会带来怎样的力量帮我们做得更好和蜕变呢？"2007年，大卫·库珀里德在积极变革大会开幕式的开场演讲中提出了这个问题。在这次开创性的大会上，大卫·库珀里德（欣赏式探询的提出者）、马丁·塞利格曼（积极心理学的提出者）和马库斯·白金汉（优势管理的提出者），与其他同属这个不断壮大的人与组织发展领域的领导者们聚在一起，共同庆祝、分享和学习更多有关欣赏式探询、积极心理学和优势管理的融合。他们所开创的这三个学科是同一领域的细分，它们的重点是正向组织、提升福祉和人的优势。在21世纪的头10年里，世界似乎在呼吁新的共同生活与合作的方式，在人与组织发展领域已经给出了解决方案。阿尔伯特·爱因斯坦最受欢迎的两句话似乎总是不大相干："没有任何问题可以被从制造它的同层意识中得到解决。我们必须重新看待这个世界"和"只有两种生活方式：一种是没有什么奇迹，另一种是一切皆为奇迹"。

欣赏式探询、积极心理学和基于优势的方法是三项不同且独立的工作，它们通过共享的心理学/哲学世界观和错综复杂的实际应用联系在一起，使得我们在有意识地创造有利于强化现有才

干和特点的环境、建立积极情绪以促进积极行动、接受人类心灵中积极形象的力量去影响生活中需要的改变时，能更容易和更优雅地发挥潜能去生活。历史表明，人类生存的一个重要因素是我们想象积极未来的能力（库珀里德，2001年）。将注意力和投资转向生命系统中行之有效的部分和积极的未来形象上，会重塑长期以来的一种范式，即首先把不足和缺陷看作解决问题的最有效方式。有了较新的学科，我们不仅能在短期内从正向的视角解决问题，还可能长期改善个人、家庭、机构和组织的整体健康与福祉。

欣赏式探询是积极心理学和优势方法的组合。肯定式变革方法——欣赏式探询是通过发现生命系统中已经存在的最健康、最积极的属性，然后再扩展、评估和放大这些属性。通过欣赏式探询的结构化流程，我们会成为那些鼓舞人心的人们有着最佳表现的故事的积极参与者，这些故事很快就成为集体经验的一部分。在欣赏式探询中，我们把这些积极属性统称为"正向核心"。正向核心包括生命系统的最佳属性，在组织中它可能包括成功的策略和经验、现有的知识和智慧、忠诚的顾客、产品和服务的典范、技能和行为、对品牌的认同、声誉、过程和系统、领导力、价值观与战略远见等。当人们或组织聚焦到正向核心时，他们不仅会连接到自己的优势和天赋，还会激发积极情绪和扩展他们包容新可能性的思维与行动。

对欣赏式探询、积极心理学和优势方法共性部分的介绍能补充你作为引导者的相关知识，从而提高你的可信度、乐趣，在交

第二部分　欣赏式探询和正向、基于优势的人与组织发展方法的概述

付后面的工作坊时能给参与者带来更积极和富有成效的体验。虽然我提供了有关欣赏式探询基本原则、过程和实践的介绍，但你可能希望学到更多的内容。似乎总有这样一种模式：那些被欣赏式探询这种（立于世和行于世的）"世界观"所吸引的人能凭直觉立刻感受它的力量。"这很有道理，为什么人们不想知道什么让他们表现得最好和成为对自己与他人最有帮助的资源呢？"这是我最常听到的评论。

欣赏式探询

欣赏式探询在 20 世纪 80 年代登场。那时大卫·库珀里德还是俄亥俄州克利夫兰市凯斯西储大学的一位博士研究生，他当时在克利夫兰诊所开展行动研究。在分析数据时，他被人们因为曾经在一起进行的良好合作而产生的积极情绪所惊讶，在那个时候，他们的合作和创新高于正常的情况。他的导师苏雷什建议他将研究重点转到促成理想团队表现的因素上。诊所董事会也被大卫的最初发现所鼓舞，邀请他把这种方法应用到整个组织中。这种把焦点从传统的分析组织中无效部分转到有效部分的研究方法，后来被库珀里德命名为"欣赏式探询"。"它不仅是一种方法或技术，探询中的欣赏式模式被描述为共同生活、共同存在和直接参与到人类系统的生活中，并促使人们探究更深层的赋予生命本质和组织存在的潜能。"（库珀里德，1990 年）

在《欣赏式探询手册》一书中，欣赏式探询被描述为"对人、组织及其周遭世界最佳部分的合作与共同进化式探询。它涉及一个议题，那就是：发现当生命系统在经济、生态和人性上最高效、最有活力和最富建设性能力时，赋予其'活力'的是什么"（库珀里德、惠特尼和斯达弗罗斯，2008年）。

过去 30 年，关于欣赏式探询作为组织发展和创新变革的方法已有很多学术著作，线下和线上也出版过成千上万个研究案例，分别介绍欣赏式探询在健康、教育、人类服务、宗教组织、非政府组织、非营利组织、社区建设、社区实践和跨国公司的应用。过去 10 年也出版了很多介绍欣赏式探询在各种背景和领域应用的图书，欣赏式探询不仅仅是用在组织发展上，还用来加强各种关系——从婚姻到养育孩子、处理疾病和悲伤、教练、团队建设和领导力。《欣赏式探询团队协作案例集》是一本实用的图书，它能帮助组织中的"实干家"引导那些重要主题的对话，加速培育团队协作式心智模式，这不仅可以改善表现还可以转化表现，进而把组织文化转变为基于优势的文化。

欣赏式探询是一种变革的方法。它是第一种在变革启动前就对发生过的最好的事情做探询的变革方法。这种形式的探询邀请人们围绕一个特定主题或议程进行对话并创建意义。探询过程中的语气是对话式的。欣赏式探询有一个被称为 4D 循环的结构。4D 是指发现（Discovery）、梦想（Dream）、设计（Design）和命运（Destiny）。本节后面会详细介绍每一部分。在探询的发现阶段，为了了解人们对探询主题的已知内容，参与者要做两两访谈。采

第二部分 欣赏式探询和正向、基于优势的人与组织发展方法的概述

访者和被访者通过讲述他们自己关于探询主题的故事来共同探索。对探询过程最有帮助的是好奇心态。"欣赏式"一词描述了探询的方式：探询是通过珍视的眼光、欣赏的视角进行的。欣赏式探询浮现出普遍和先验的价值：生命系统中的好、真实和美。深思熟虑后的正向语言和巧妙的设计不仅能让人们在分享高峰体验故事中与他人连接，还能展望一个充满了令人渴望的可能性的未来。"欣赏是一种精神力量，它能让领导者有意识地窥视生命的馈赠，即发现未来与现实正巧妙地交织在一起。"（库珀里德，1990年）

探询（Inquire）

探询（Inquire），动词
1. 探索和发现的行为。
2. 提问；乐于看到新的潜力和可能性。

同义词：发现（discovery）、搜索（search）和系统性探索（systematic exploration）、研究（study）。

来源：库珀里德、惠特尼和斯塔夫罗斯，2008年，第275页。

欣赏（Appreciate）

欣赏（Appreciate），动词
1. 欣赏、感激；认识人与周遭世界"最优价值"的行为；肯定过去和现在的优势、成功和潜力；感知赋予生命系统生命（健康、活力、美德）的因素。
2. 增值，例如经济价值的增长。

同义词：珍视（valuing）、奖赏（prizing）、尊重（esteeming）和给以……荣誉（honoring）。

来源：库珀里德、惠特尼和斯塔夫罗斯，2008年，第275页。

为利益相关方创造价值

在一个多利益相关方的世界里生活与做生意，我们越来越明白要为所有的利益相关方创造价值：组织内部和外部的人，包括家庭、客户、供应商、社区、股东、机构等。在过去的20年里，人类的全球互动联系变得更加明显。作为一种变革的方法，欣赏式探询的价值变得更加明显，因为它可以使所有系统中的（内部的和外部的）利益相关方联系起来。它的设计为每个人对探询主题做出贡献提供了一种架构，用相互尊重的方式从两两访谈开始，发展到被赋能的个体发言的高潮，再到宣布他们对影响组织行动的积极承诺。

让欣赏式探询成功的因素是其聚焦于解决方案的设计。这种聚焦到我们想要的（而不是不想要的）设计，在一个积极框架中通过触及最健康和最成功的时刻，动员人们对未来的积极形象采取行动而得以实现。这些原则和实践将活力和激情带入组织。增强人的品德和提高财务盈利能力是可以共存的：这对所有商业都是一个有益的提醒。

欣赏式探询的原则

要理解欣赏式探询为什么有效，有必要了解一下其最基本的五项核心原则。根据欣赏式探询的原理，作为人类关系中心的组织，当它具备了欣赏的眼光时更容易走向繁荣：当人们看到彼此最好的时候，当他们以肯定的方式探索问题和愿望时，当他们全部连接在一起创造的不仅是新世界而且是更美好的世界时。多年来,随着这个方法论的发展,其他欣赏式探询的实践者也贡献了很多原则,这些原则同样中肯和重要。要全面了解这五项核心原则和新的原则,我推荐你看杰基·克尔姆的《欣赏式生活》。

这五项核心原则是:

- 建构原则:语言创造实境
- 同时原则:第一个提问就开启改变
- 诗意原则:我们关注的重点成为现实
- 预见原则:形象激发行动
- 积极原则:积极情绪带来积极行动

下面将做详细介绍。

建构原则:语言创造实境

这一原则强调的是语言的作用和把人类交流与对话置于组织和变革的中心。当人们一起交谈并共创意义时,他们便播下了行动的种子。我们的现实是在与他人的交流中创造出来的,知识也是通过社会交往所产生的。如果人们在茶水间对话时谈论很多成功的故事,你可能也会贡献自己成功的故事,当大家离开时便扩展了对成功的理解,相互滋养了想法。

例如,让你来引导一次客户抱怨的工作坊。你可以把人们聚到一起说:"我们来分析一下客户投诉吧。"或者你可以邀请他们探询一下"让客户开心"的故事。后者更可能为我们开启新的认知方式。关于建构原则经常被引用的一句话是"认知的方式决定了命运"（库珀里德、黛安娜和斯达夫罗斯，2008年，第8页）。

当我们对自己使用的语言、所参与的对话和讲给自己的故事产生更多的觉察时，就会发现它们是如何影响和塑造我们自己的。正因如此，如果我们要寻求文化上的改变，首先就要改变我们的语言以及讲给自己和他人的故事。语言创造实境。

同时原则：第一个提问就开启改变

这一原则让我们意识到，作为变革的推动者、领导者、促进者或作为父母，我们首先提出的问题就启动了变革的过程。我们提问的方式决定了我们的发现。它提供了一个选择的时刻。探询和改变是同时发生的。实践欣赏式探询是一门设计和提出引发未来可能性与渴望的愿景这一问题的艺术。我们需要考虑提问的方向，它是让生命枯竭的还是滋养生命的？

例如，我们可能从以下两个提问中得到不同的回答：

（1）今天的工作怎么样？

（2）今天工作中发生的最好的一件事情是什么？

第一个问题通常会引发诸如"好啊"、"还不错"或"挺好"之类的回答。这些可能并不是真正的答案，但人们却常常这样回答。第二个问题聚焦到一天中所发生的最好的事情上，这样的对话更开放并在完全不同的方向上发展。对这两个问题的不同回应包含了不同的能量和体验。第一个可能是中立的，第二个可能更充满能量。

第二部分　欣赏式探询和正向、基于优势的人与组织发展方法的概述

诗意原则：我们关注的重点成为现实

这个原则是说，我们选择和要投入精力去研究的议题或话题是至关重要的，它不仅决定了我们可以学到什么，实际上还决定了我们要怎样创建它。每个人对我们要讨论的话题或对话都有自己的体验和诠释。这正如欣赏艺术作品、看电影、读诗和听音乐一样，其中有无限的学习、诠释和渴望的机会。我们对事物的隐喻塑造了我们的信念。想一下，我们有把工作场所比喻成机器、花园、网络、家庭、学校、监狱或动物园吗？透过欣赏式探询的视角，我们可以有意识地找到希望获得更多的而不是更少的东西——因此，我们关注的重点就成为现实。生活中的各个行业里有很多关于诗意原则的例子：抚养小孩、评估员工绩效或追求健康与幸福。此时，我们是把注意力和精力放了希望孩子、员工、自己的饮食和运动产生更好的行为和结果上，还是放在了其他我们不想看到的负面内容上？当我们把真诚的努力聚焦到我们想更多看到而非不想看到的因素时，就有更大的机会获得成功，从而获得我们渴望的结果。

预见原则：形象激发行动

这个原则说的是愿景的力量，特别是创建和维持我们要带给世界的未来愿景的能力。组织、国家和社区的存在，在某种程度上是因为人们聚在一起分享有关未来的形象和规划。我们所拥有的形象会强烈影响我们的成功与失败。以担心和缺陷为基础的文化可能奏效，但以信任和慷慨为基础的文化则会是另一种情形。

我们对自己或他人所持有的形象会在日常交往和相互关系中体现出来。如果我们拥有一个充满慷慨与仁慈的形象，那我们的动机与互动就会与拥有匮乏与剥夺的形象所能带来的结果截然不同。我们讲给自己的故事是自己最得意的。成功与荣耀的故事同样会引发成功与荣耀。我们梦想与设想积极未来的能力便会被编织到我们的历史之中。

想象一件将要发生的事情，可能是一次旅行、出差、婚礼、演讲、手术或生孩子。不管是什么，你都会充满期待。你脑海里都会有关于这件事情会怎样投射到未来的形象。你可能会预感到未来充满恐惧、怨恨，你非常害怕、怀疑自己不会成功，担心事情不如你想象或希望的那样。你也可以预期未来的世界充满了爱、平稳、令人兴奋和高兴，想象成功和积极的结果。我们的想象是充满能量的，它会为我们的思想和行动加油！我们会选择某个画面来充实我们的头脑。通过改变对未来的想象可以改变我们的未来。这就是语言在通向渴望的产出上能起到积极支持和杠杆作用的原因。"是的，我们可以"与"哦，那不行"传递出完全不同的信息。前者会将我们的注意力集中到可能性上，后者则会让我们变得停滞不前。人们经常引用的亨利·福特的那句话说得更直白："不管你觉得行不行，你都是对的。"

积极原则：积极情绪带来积极行动

这个原则提醒我们，当我们感受到积极的情绪时积极行动的可能性会更大。无论是好还是差，当人们聚在一起创建互利的解决方案时，我们都能看到积极与紧密的社会交往给团体带来好处的例子。这个原则证明了一项研究，即积极情绪能够帮助我们获得健康、富有弹性和最佳的表现。例如，当我们希望表现得更好时就更可能做到；当我们被告知表现好时就更可能继续尽力做好，即便不是更好的话。积极原则意味着要做大量的积极关注，通过刻意选择语言和肯定式提问来发现最令人振奋的故事，这些故事能够激发可能性思维和有吸引力的未来。当我们的积极情绪越高时，我们就越容易处理未知和愿意接受改变，这与瓶子是半满而不是半空的情形一样。

举个例子说明肯定式语言和提问是如何帮助人们变得资源富足和获得积极状态的。分别考虑下面每组提问中的前后两个问题，看一看哪个更能帮我们达到目标。

1. 你要努力改善的不足是什么？你要进一步发展的优势是什么？
2. 为何有这么多客户抱怨供电不足？我们要怎样确保不间断地为客户供电？

更多关于积极情绪的作用将在积极心理学的章节说明。

欣赏式探询的流程

再次重申，作为一种变革的方法，欣赏式探询是一种基于优势和生成性的组织发展与行为的方法，它是从肯定式主题开启变革的过程。这与传统方法不同，后者直接针对问题，这种情形在组织、机构和家庭中非常普遍。这种被称为4D循环的欣赏式探询的流程如下（见图2.1）：

- 发现：高峰体验和识别优势与能力——所有这些被统称为"正向核心"。
- 梦想：集体想象和展望还有什么是可能的。
- 设计：共创可以做什么来建构能力（实际上）以及应该做什么（道德上）。
- 命运：致力于对学习、创新和交付所有利益相关方关心的结果的迭代探索。

每一步的目的、任务和交付物在下面说明。

发现（Discovery）

目的：通过发现个人与组织高峰体验的故事与经历来发现并欣赏最好的"是什么"，突出优势、资产和成功。

任务：参与者通过两两访谈对选定主题进行探询以收集故事和关键想法。这些故事是识别系统"正向核心"最健康时刻的例子。

交付物：这些故事充满了过往运作有效的证据以及参与者对情境、自己、同事和组织的珍视。发现访谈的结果是深层的聆听能力、更加开放的心态和强化成员间信任的机会，对文化价值的识别，对充满能量与令人投入的工作的描述，成功的技术、系统和流程的范例，同时增加了对个人优势与组织能力的了解，增强了拥

第二部分 欣赏式探询和正向、基于优势的人与组织发展方法的概述

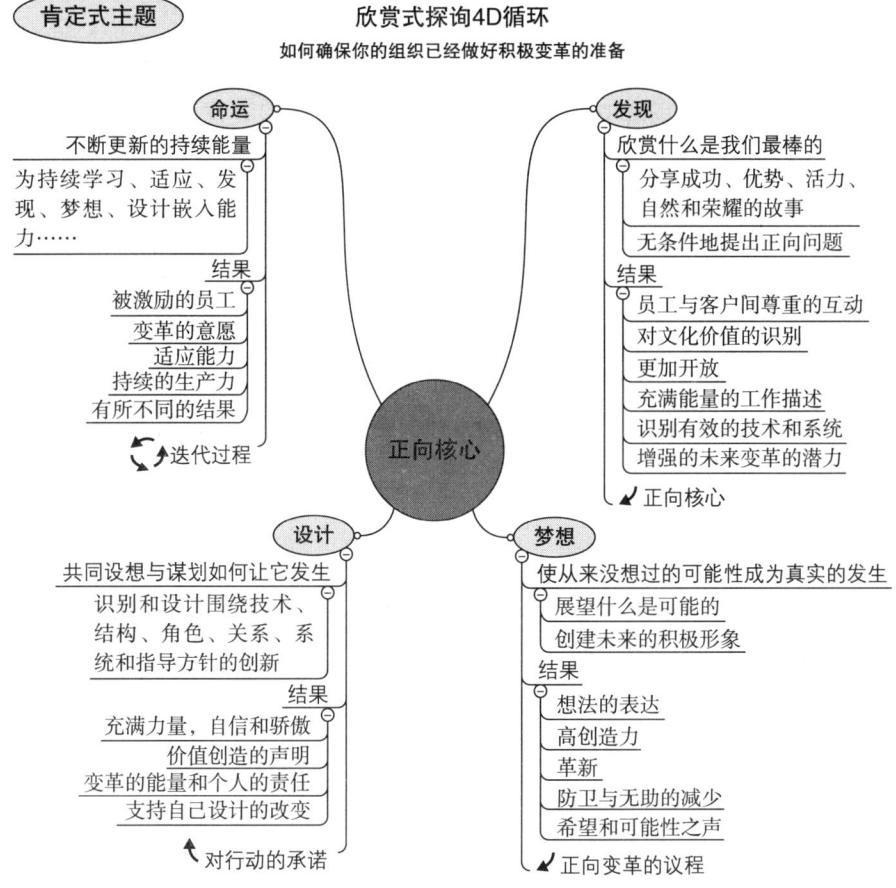

注：请参考欣赏式探询4D循环（库珀里德、惠特尼和罗斯，2008年）

图2.1 4D循环概览

抱未来变革的潜力。所有这些积极的特点构成了组织的正向核心。

梦想（Dream）

目的： 在过去成功、当前优势和未来的可能性上，运用团队

集体的、富有想象力和创新性的能力共创组织渴望的未来。

任务：参与者生动和富有想象力地共创渴望的未来，"什么是可能的"——包括他们要带往工作场所和社区的所有元素，他们清楚这些是可能的，因为在发现阶段这些已被识别为他们的正向核心。

交付物：组织成员想在未来的理想组织中看到的清晰声明和画面，它们是可行、激动人心和可能的。正如希望和可能性之声能够减少防御和无助的思想与行为一样，当想法被热情地表达时革新力会被放大，创造力会被提升。这些梦想声明是积极变革日程的基础。

设计（Design）

目的：选择能支持和发展组织、社会、技术、财务基础的设计元素来实现梦想。设计元素包括结构、系统、政策、流程、角色、技术、关系、领导力、品牌、名誉等，既有运作层面的又有战略层面的，这取决于参与者的技术专长。

任务：参与者确定要签署什么项目来实现梦想。项目可能是已经有效而要保持的，或不再有效而要停止的，或为了满足新市场或新趋势而要创新的。

交付物：初步的项目被提交考虑和完善。这一步是对行动持续承诺的开始。其他产出还包括对参与者自己创建的项目和对彼此行为与思维方式的转变。这个过程可以增加个人的荣誉感、信心并且被赋能。

第二部分　欣赏式探询和正向、基于优势的人与组织发展方法的概述

命运（Destiny）

目的：保持组织内的势头来帮助成员运用欣赏的眼光发展持续做好的能力。

任务：参与者通过学习和调整来关注 4D 循环的迭代本质。可能性思考、寻找机会和解决方案超过了对问题的识别与分析，并持续得到强化和回报。

交付物：参与者通过持续关注他们想要的内容，重新审视 4D 循环来更新，从而成为自发变革的先锋，并通过欣赏式实践帮助组织文化向基于优势的文化转变。

有两个重要的方面能够把欣赏式探询与其他和 4D 有关的变革方法区分开来。

1. 探询中的肯定式主题设定了整个框架并指导了整个议程。
2. 代表着系统集体属性、优势和资产的清晰表达的正向核心，是欣赏式探询中梦想、设计和命运阶段的中心与关键。

欣赏式探询的实践

正如同时原则所述，我们提出的第一个问题是决定性的，因为它指导了探询的方向和讲述的故事。在组织环境中，它最终决定组织的变革方向。欣赏式探询中提出无条件正向问题的艺术强化了系统预见变革积极潜能的能力。通过应用这些原则，我们知道：

- 我们生活在一个由自己提问创造的世界
- 变革始于我们提出的第一个问题
- 我们的提问决定了我们所能得到的结果
- 我们的提问越积极就越能创造可能性
- 我们的提问创造了运动和改变

我们在欣赏式探询中所说的问题集或访谈提纲，是为了引出参与者关于探询主题的最棒的故事，并激发变革的积极能量与热情。感受到积极情绪能够帮助人们记住过去最棒的事情，并且随着想象力的迸发，人们意识到把最棒的过去带到未来是可能也是可行的。通过肯定式提问，参与者共同建构他们的现实、创建新知识并提出如何智慧地运用这些新的集体知识的想法。

第四部分详细介绍了如何设计一次欣赏式探询的体验，包括主题选择、访谈提纲、萃取正向核心、设计项目计划以及如何在命运阶段保持动力。可以这么说，命运阶段是一个强化整个系统肯定式能力的迭代过程，这让它能够围绕目标建立希望和动力并整合学习和调整的过程。欣赏式探询作为一种参与式变革方法，其设计是要让组织成员拥有主动权。这就需要把涉及的和受影响的人都包括进来，因为计划、事件和未来是属于他们的。

第二部分　欣赏式探询和正向、基于优势的人与组织发展方法的概述

积极心理学

积极心理学在 1998 年才开始成为心理学的一个分支，当年，马丁·塞利格曼刚刚当选为美国心理学协会主席。他认为，积极心理学将为团队建设开创新篇章。塞利格曼在心理学领域召集了一群杰出学者，包括艾德·迪耶内（Ed Diener）和米哈伊·米哈里·契克森米哈赖（Mihaly Czikszentmihalyi）来见证这一聚焦健康、福祉与幸福的心理学新成员的诞生。从心理学视角看待生活中的问题并非惯常的做法。事实上，在第二次世界大战后的几年里，心理学几乎完全集中在治疗精神疾病上，被称为疾病模型。现在是将心理学扩大到幸福模型的时候了。与五岁女儿的一次谈话让塞利格曼豁然开朗，为这位美国心理学协会新任主席开启了新的思路。在《真实的幸福》一书中，塞利格曼（2002 年）讲述了他获得"顿悟"的故事。

> 我现在知道，养育孩子远不是帮他们改正错误，而是识别和放大他们的优势和美德，帮助他们找到让自己充分发挥这些积极特性的土壤。

但是，如果能将人们放在最能发挥自己优势的地方来实现社会效益，那么心理学就会产生巨大影响。有没有一种关于生活中最美好事物的心理学？能否对让生活有意义的优势和美德进行分类？家长和老师们能否用这门科学培养坚强和有适应力的孩子，让他们能在这个充满机会的世界上占有

一席之地？成年人能否教会自己用更好的方法获得快乐与满足？（塞利格曼，2002年，第28～29页）。

在开创性论文《积极心理学：导论》中，塞利格曼和米哈里·契克森米哈赖是这样描述积极心理学的：

> 积极心理学在主观层面包含重要的主观体验：幸福、满足和满意（过去），希望和乐观（面向未来），心流和快乐（现在）；在个人层面，它包含积极的个人特质：爱情与职业的能力、勇气、人际交往能力、审美情趣、毅力、宽容、原创、未来意识、灵性、才干和智慧的能力；在群体层面，它包含公民美德和促使个人获得更好公民身份的制度：责任、养成、利他、文明、节制、宽容和职业道德（2000年，第2页）。

正如欣赏式探询通过其创新设计、肯定式语言、结构和过程为解决问题提供了另一种视角和方法一样，积极心理学也通过聚焦在帮助个人、社区、组织和社会繁荣的因素上，为心理学增添了另一个视角。欣赏式探询和积极心理学都通过研究支持人类最佳性能的因素丰富了我们的理解和知识。它们并不是低估解决问题和解决无法处理的问题的原有方式：这不是一个"非此即彼"的命题，而是"两个都是"的主张。当我们转向一个包括优势和美德、想象和整体的焦点时，就有了一种更全面的与他人及世界合作的方式。

第二部分　欣赏式探询和正向、基于优势的人与组织发展方法的概述

积极心理学概述

马丁·塞利格曼被称为积极心理学的奠基人，他称米哈里·契克森米哈赖为积极心理学的"大脑"。他们帮助年轻的心理学家们用心理学知识去改善人类生活，建立起具有优势和积极性的资源。他们与越来越多的科学家及心理学家一起，继续为积极心理学的研究和实践增添丰富的内容。作为一项科学研究的对象，幸福是其中一个重点。塞利格曼将幸福分为三个层次，每个层次都有其特定的技能组合。

1. 愉快的生活——追求快乐

当我们追求愉快的生活时，我们的感官和情绪都是最活跃的：吃特殊食物、闻特殊香味、和特殊的人一起参加喜爱的活动等。在追求快乐的过程中，我们学会了放大、体会、表达感激、专注和娱乐等技能。所有这些技能都有助于享受快乐的生活。随着时间的推移，我们的品位会改变，当我们习惯了某些快乐时，它们便失去了吸引力并会被舍弃掉。愉快生活的一个重要启示就是，虽然快乐是短暂的，但我们可以学会在生活中创造更多愉快的体验来提高我们整体的积极情绪（弗雷德里克森，2005年、2009年），反过来提高我们的灵活性，如果有不愉快的情况出现，我们可以更好地应对。

2. 美好的生活——追求投入

我们在"美好生活"中体验到的快乐源自心流,一种在活动中感觉时间似乎静止不前的状态。我们被完全吸引并全身心地投入其中,这让我们感到非常满意。心流发生在我们高度集中、全神贯注或感觉时间在飞逝的工作或娱乐中。艺术家和运动员们说,当他们做着有创造性的事情或因运动而让身体与思想合一时,会处在心流或其边缘。观察人士还说,人们在以下情形中容易感受到心流,比如当管弦乐队或流行乐队演奏的音乐使听众和音乐家们陶醉其中时;当球队的每个动作好像都是精心设计过而观众仅仅是陪在那里时。美好的生活告诉我们,当我们充分投入时,就会有最大的生存机会(米哈里·契克森米哈赖,1990年);我们正在发挥优势(克里夫顿和白金汉,2001年);我们在积极地学习,参与到决策中;受到尊重;能够展望我们未来所做的事情(埃默里,1989年)。在这种情况下,我们的表现与我们是谁以及我们正在成为谁是完全一致的(霍尔兹曼,2009年)。

3. 有意义的人生——追求高于自我的目的

有了有意义的人生,我们就会感到满足或快乐,因为我们觉得自己做的事情不仅对自己有意义而且对他人也很重要,它具有更大的目的性。员工们说,当他们知道自己的工作有影响力时,他们很可能会更好地表现。此外,来自积极学术研究中心(密歇根大学)的研究和一些轶事的不同之处在于，我们从珍视和基于优势的视角来探讨主题，这将使我们更接近想要达到的目标。我们提出的第一个问题就设定了基调并开启了变革的过程。我们询问过往运作有效的是什么，能带来最好的和最有自豪感的高峰体验是什么。与"我们有个问题，要分析其根本原因来解决它"相反，我们会选择问"哪些是运作有效的以及是什么促使了成功"。

目的是要巩固共享的体验，这样我们就能：

- 找到继续保持运作有效的支点和动力
- 对需要改变或停止做什么达成一致
- 确定我们需要创新什么
- 确保我们实现目标和承诺

工作坊的目标

工作坊有两类总体目标。

1. 个人或微观层面：通过参与，个人将：

- 提高对探询主题相关的个人、集体和组织能力的觉察；
- 随着对话从不能做什么到可以做什么的转变而提升个人责任感；
- 为将来的行动做出贡献以推动对可能性的集体想象。

2. 组织或宏观层面：这些工作坊是帮助组织变得更有意识和找到基于优势的切入点。分享故事的参与式肯定方式为我们开启新的生活与工作方式。这些工作坊能实现以下目标：

- 浮现心智模式
- 主持生成性对话
- 从以往的集体知识中共创出新的意义
- 有意识地体验反思
- 致力强化组织的优势

在准备实施某个工作坊时，根据团队和组织学习的需要，你可能还会产生一些其他具体的目标和期待。

工作坊的选择

你很可能会根据对社区重要的战略重点或学习需求选择某个工作坊。表3.2展示了两个根据所提需求和解决方案来选择工作坊的例子。

每个工作坊都有一定的灵活性，因为肯定式主题可以解决很多问题。背景和组织的需要将决定每个肯定式主题要怎样被解读，从而形成工作坊的目标和产出。此外，作为引导者，你可能会调整一些焦点来适应你的参与者。这些工作坊为你提供了一个可靠和经过验证的框架,如果你需要做定制开发的话,那也是很容易做到的。

表 3.2 选择工作坊

当前需求: 要求你解决的问题	解决方案: 选择恰当的工作坊来帮助实现需求并得到渴望的产出
组织在升级技术系统,你被指派"处理人们对于改变的消极态度"	以下任何一个工作坊都可以帮助参与者转变他们关于变革的视角,甚至发现升级到新技术系统的价值 ■ 积极地创建变革 ■ 珍视技术 ■ 全球互通互联
有四代人第一次在一起工作。他们之间的差异导致紧张和低效。你被指派要"想办法来减少造成低效现状的紧张关系"	以下任何一个工作坊都可以帮助参与者看到他人的视角和珍视差异 ■ 几代人一起工作 ■ 蓬勃发展的社区 ■ 培育多样性

工作坊时长和参与者选择

这些工作坊的时长不同,通常都在 2.5 到 4 个小时之间。里面有建议的时间分配,你可以根据要处理的问题、参与者的构成以及自己的风格来决定需要多长时间。一个最重要的考虑就是你要确保在要求的时间内完成工作坊,这样大家才会感到满意。

这些工作坊与组织的每个人都有关。如果你能找到完全不同的群体，你的组织和成员将从这些不同观点中获得最大价值。过程和主题是与整个团队相关的，因为它们横向或纵向跨越组织的各个部分。我个人倾向于让高级管理者和经验较少的成员一起参加，这样每个人都能从对方那里学到很多，倾听不同的故事、梦想和解决问题的方法。作为引导者，你要对组织发展与探询主题相关能力的需求做出回应。这个主题可能适合某个特定团队的探索和解决，也可能与整个组织有关。

内容的结构

所有的工作坊都是依据欣赏式探询 4D 循环（发现、梦想、设计与命运）设计的（参见图 2.1）。

发现阶段

发现阶段的肯定式提问帮助参与者快速投入到讲述他们有关探询主题的高峰体验的故事中。共性主题从故事中浮现出来，成为集体经验的一部分并构成组织的"正向核心"。正向核心是由那些已经存在于系统中的品质、属性、优势和资产组成，所有这些都将把组织带向未来，保持连续性，成为每位参与者自豪与自信的源泉。在一个你过去有过成功经验的地方发现未来重新经历这种成功的可能，转折点就会在此时发生。

欣赏式探询工作坊的第一部分——发现阶段是一段两位参与

者以安静和礼貌的方式倾听、讨论、澄清与记录的过程。当访谈结束时，访谈者加入另外一组或两组中，大家一起分享故事。此时的对话将变得活跃和热闹起来。

梦想阶段

被识别为正向核心的主题成为共创可能性的渴望与能量。梦想阶段建立在从发现访谈中所学到的集体优势与能力及其见解上。它源自参与者自己的现状。梦想是一个源自对系统的集体想象力和创新力的愿景共创。在这个有创造性、充满活力、有趣的过程中，参与者们整合并发挥他们的最佳特点，同时意识到他们的优势可以被转移到未来任何的变革议程中。人们用欣赏式的眼光体验到改变并被可能性所激励。蜕变就发生在从习得性无助到习得性有助的改变之间。为进一步扩大内涵，这种活动带来此刻及以后的被赋能和积极参与。

房间里的能量在梦想阶段会非常高，尤其是当你为他们提供道具（如彩纸、马克笔、布料、玩具和胶泥）并邀请大家用尽可能生动的方式创建图画、拼贴或创作短剧时。这样能很好地发挥全脑的作用，让右脑不时地补充左脑。

设计阶段

来自梦想阶段的主题和形象成为下一步设计阶段的议程。在这个阶段，参与者选择那些能够帮助他们建构积极与可行的未来梦想的要素。成员们设计组织的形式，将服务于所有的利益相关方、产生渴望的结果并确保工作能够被完成而不影响成员的最高价值和理想。换句话说，这是（实际上）可以做和（伦理和道德上）应该做的组合。

在随后的协作工作坊中，设计阶段通常是集体活动；然而，也有一些个体的反思活动。这取决于主题以及用什么能更好地服务于产出、个人或组织。

命运阶段

大多数工作坊都以成员宣布将来要做些什么而结束。下一步、行动计划或之前设定的目标成为未来衡量自己是否实现的方式。他们会知道自己是否履行了诺言。作为引导者，你可以邀请小组决定什么有助于维持和扩大前述体验的能量和产出。大多数情况下，在欣赏式探询会议之后，团队会持续地为生活带来渴望的改变。

命运是维持这个工作坊创造的动力。很多时候，强大的学习体验发生了、有希望的关系建立了、信任被感觉到了、积极的情绪被提升了、优秀的想法被分享了、新的知识被创造了，可然后所有这些都毫无进展，因为一旦参与者离开房间，"工作"就会拦在面前。因此，命运是如何将新的发现迁移到"工作"中，将其作为日常互动的一部分保持下来的。命运是一个发现、梦想和设计的迭代循环。有了跟进与工具，我们就可以从单纯地知道知识变成智慧地运用知识。

跟进

如何前行取决于你和参与者。可以召开持续的会议（参见第五部分来帮助你设计自己的后续会议）或使用内网、维基、博客或其他相关的社交媒体继续为项目提供帮助，分享收获与成功的故事。继续扩展和放大已经开始的工作是建立一个强大、充满活力的社区和基于优势的组织的最佳方式。

引导流程

在进入工作坊之前，先通读所选工作坊的所有问题并确定要给工作坊多少时间；然后确定你要给每个焦点模块多长时间（里面有建议的时长，但你要确定在这种情况下怎么做最好。记住，你需要留足时间让真正的对话发生——参与者并不是简单地回应调查或问卷）。工作坊从对第一组提问的两两访谈开始（参见图3.1）。然后2个或3个小组形成四人或六人小组（见图3.2）。时间差不多时，引导者要召集大家回到大组报到，并识别共性主题、价值和渴望等（见图3.3）。在工作坊中，参与者建立集体知识，为个人与集体的应用和实施提供新的强化途径。

对于团体的规模，12~20位参与者比较合适，即3~5个四人或六人的小组较合适。如果有更多的人（超过20位参与者），则需要更多的时间，因为有更多来自小组的信息需要处理。

图 3.1 两人小组

图 3.2 多人小组

图 3.3　全体

详细流程

在考虑进入某个工作坊时,阅读一下本节会对你有所帮助,这样你就可以展望与焦点和议程有关的安排。工作坊中每个重要步骤都标有"焦点"。每个工作坊有 2～5 个焦点。

第一步:发现访谈

1. 将复印好的工作表(包括导入语[简介]和讨论的问题)发给所有参与者,并让他们在纸上写下自己的名字。参与者组成两人小组并相互采访,阅读导入语并询问所有关于焦点1的问题。每位采访者聆听并在被访者的工作表上记录故事的亮点。这份文件作为受访者过去成功、价值和优势的记录。

2. 两人小组与另外一两个小组聚在一起形成四人或六人小组，听取组内的故事（焦点2）。访谈者向组内新成员介绍被访谈伙伴并介绍被访者故事的亮点。为做好这一步，引导者要告诉参与者，在聆听彼此故事时要注意去倾听共性的主题。

3. 四人或六人小组选出一个能抓住共性主题的故事并准备把它分享给所有人。

4. 每个小组向全体成员汇报他们选出的能最好地反映共性主题的故事。

5. 引导者邀请参与者用数字化方式或在白板纸上记下他们从所有故事中发现的共性主题。

6. 引导者邀请参与者对所有组的主题和共同点进行评论，并分享他们的观察、见解和学习。

7. 如果团体并未体现出这种洞察力，引导者要告诉参与者，这些被识别出来的特点、优势和资产便构成了"正向核心"——那些为组织在最佳状态时带来活力、生机与能量的因素。引导者向大家强调的这些是组织的核心优势。

表3.3提供了一个团队在分享完"让成员最大限度参与"主题的高峰体验后的共性主题。这个案例中有58位参与者。团队按上述步骤进行。在第五步时，8个小组的参与者确定出优势、让成员最大限度参与的"最佳"例子。这些评论被用数字化的方式

记录下来并在房间内展示,以让所有参与者看到。粗体字是团队在他们小组中识别出的社区优势或正向核心,即协作、贡献、真实、可靠、支持、学习、有趣、多样性和影响力。

接下来是梦想阶段,预测未来一年里,当这些集体优势被实践时,参与者会如何展望他们的社区。从梦想阶段开始,他们自主选择组成工作小组,并围绕每一项识别出的优势去设计让梦想成真的因素。

表 3.3　集体关于发现访谈、共享故事和共性主题的亮点总结

问题:在你分享高峰体验的亮点时,关于"让成员最大限度参与"的发现和集体见解是什么?

桌组	来自各小组所讲故事的共享主题
第1桌	人际互动、交际能力、灵活的结构、基于兴趣的自愿、**贡献**和**学习**的机会、**玩得开心**、团队活动
第2桌	**学习**和成长、对我们**贡献**的评价、包容和归属感、意义重大和重要的主题/事项、建立友谊和/或亲密关系的机会、享受地投入、玩、**有趣**、对过程和事件/活动的享受
第3桌	**充满能量和有趣**、**有影响力**、做出**贡献**、社区、**学习**、产生影响、**真实**、被听到和被尊重、**承诺**
第4桌	领导力、**多样性**、个人价值、**协作**、确认、克服困难后的成功、个人满足感、自我实现、决心、团队合作、超越自我的情形
第5桌	迎接挑战、开放地**协作****贡献**、接纳的环境、个人成长然后赋能他人也为自己赋能、**真实**、更大的责任、情感投入是更大文化和人性的一部分、提出正确的问题、成功的产出、清晰或改善混乱、挑战、人们需求的相似性、友谊和业务重叠、**给予**/得到**支持**

续表

桌组	来自各小组所讲故事的共享主题
第6桌	个人的**贡献**、**学习**、相互尊重、食物、良好的组织、成就感、清晰的目标和议程、积极的态度、**支持**、**分享**和建构想法、协作
第7桌	鼓励别人、**协作**、自治、**影响力**、能量、主动性、冒险、看到结果、**共享的信誉**、活力、创新
第8桌	因在组织中感受到力度很大的**支持**而转化为高度的投入、喜欢被欢迎的感觉、意气相投、有创造力的机会、**学习**、享受人与工作的**多样性**、有认同感的社区、开放和非正式被认为是有价值的
总体主题	意义、重要性、**协作**、**贡献真实**的能力、**有趣**、被选择出席的人、被重视、产生影响、**学习**、挑战后的成功、**影响力**、友谊和业务重叠、宽容的环境

第二步：梦想——渴望的未来

参与者在小组中基于他们在第一步（发现）的发现，整合正向核心来展望他们渴望的未来。

小组回答所有焦点3的问题。作为引导者，你可以邀请参与者用创造性的方式表演他们的未来场景，比如创作一首诗、表演一幕短剧、唱一首歌或画一幅画（提前准备好你希望团体如何表达他们渴望的未来所需要的合适工具）。决定何时邀请小组回到大组分享他们对理想未来场景的展望。何时重新召集小组主要取决于你的时间（提前确定好每个焦点的时长），也可能是你注意到参与者已经到了想回来分享梦想的时候。在有些工作坊中，参与者

第三部分　协作工作坊

要准备一个对未来可能性的陈述，即一两句描述他们未来形象的句子，但并非做愿景宣言。如果画一幅大家期待的图画会让它显得更真实和可能。积极的形象会带来积极的行动。

第三步：设计与命运

这一步通常是对行动的召唤。有时会涉及人们自主选择工作组或团队来规划项目和行动步骤；有时也会是个人反思，反思由于参加这个工作坊要决定得到什么（焦点4，有时是聚焦5）。引导者邀请大家反思并在恰当的时候让参与者向大组分享。为保持工作坊激发出兴趣与想法的动力，对一些能迅速采取的行动和后续事件达成一致是非常重要的。立即采取的行动可能是给同事发一封电子邮件分享工作坊的亮点，或实施工作坊想法清单中的某一项，或是其他参与者同意的某个行动。

用最好的状态去引导

引导者在欣赏式探询中的角色是推动变革的催化剂，以肯定的方式，不断指导组织成员发现是什么赋予了他们能量、什么是可能产生的、什么激励着他们、什么使他们充满希望和可能性。此外，你建构了公开分享知识、资源和学习的方式，由于这个过程是透明的，因此参与者可以把它变成自己的。

作为开始，这里有一个邀请，邀请你对自己的引导者优势进行一次欣赏式的反思。想一想到目前为止你的引导经历。回忆你曾经以最佳状态做引导的一次经历。你可以与一位团队成员一起做或自己一个人做。怎么舒服怎么来。

发现访谈

回想你作引导者的经历，当你为团队提供引导帮他们阐明需求、优势、目标、优先事项、愿望和结果时，回忆一次你做得最棒的时刻。发生了什么？涉及谁？你在做什么？参与者在做什么？你最自豪的是什么？在你的高峰体验中，你最看重的是什么：

- 你自己的优势和特点是什么？你做引导的优势和特点是什么？
- 这次引导的目的和性质是什么？
- 这次引导是怎样组织的？

梦想——未来的可能性

设想你进入了梦乡……再次醒来时已是两年后的今天。通过你设计的工作坊和引导实践，参与者已获得个人和专业的成长，你的组织已变成你们所想象的那样，可能是客户数量增加了一倍、财务运转非常健康、员工队伍随着新人加入而增长、在可持续产品和更新方面增加了投资，还开设了一间托儿所。领导们祝贺你为公司成功做出的贡献，你自己的团队也增加了两位新成员。

1. 作为引导者，你对自己工作的梦想是什么？关于未来，你有哪些积极想法,让自己在个人和职业上都能获得满足?请用一篇散文、一首诗歌或一幅画描述两年后你能看到自己在做什么。

2. 欣赏式世界观中的哪些元素(积极情绪和基于优势的方法)已经自然地融入你的工作?
3. 工作中的哪个方面让你非常投入和感到有意义?
4. 经过这两年的成长,关于进一步扩展与他人的连接,你最大的渴望是什么?
5. 你要在实践中继续强化哪项欣赏式探询的原则或实践?它们将如何继续扩展你的梦想?

工作坊的通用指南

正如前面所述,为了与欣赏式探询的原则、过程和实践保持一致,每个工作坊都遵循了相同的格式和流程。以下是帮你创建高能量工作坊、确保参与者完成让他们感到自豪的工作的建议和指导原则。某些建议看起来很简单或显而易见,但我认为它们值得一提,这样你就能找到介绍工作坊的感觉。此外,如果你刚步入这个领域,我相信这些建议会对你很有用。作为引导者,当你知道为参与者和组织带来价值时也会感受到积极的能量。

- 工作坊的主题描述了你要创建的结果。

- 在带领工作坊之前，阅读工作坊的全部材料以确定内容与参与者尽可能相关。
- 确保你已阅读并理解本书的第二部分，这样当你为团队介绍欣赏式探询这一变革方法时，有助于你为团队学习或解释诸如"正向核心"这样的术语了。
- 注意每个焦点部分的建议时间，必要时可以调整，确保你有足够的时间来完成而不是太匆忙。
- 如果你想让梦想阶段具有创造性、有趣和好玩（推荐），请确保你有梦想阶段（通常是焦点3）的材料。
- 确定还有什么工具或小道具会让工作坊更有效，比如房间里的音响、照片、励志名言、水果、水、糖果、鲜花或书等。为了营造创造性氛围和暗示一种新的合作方式，尽可能让环境吸引人。
- 用你最真实的方式欢迎参加者来到工作坊，包括如下几点：

  我们将在接下来的_____小时里讨论_____话题。

  我们的工作坊是体验式的。我们将从两两访谈和小组分享开始，我会时不时地邀请大家回到大组分享我们的发现和我们对_____主题的学习。

  每人手上都有一份工作表，我们会按照它来做。一会儿我们要分成两人小组。如果你想找一位还不太熟悉的人结对子就更好了。

  作为引导者，我的角色是引领这个过程的主持人。

第三部分　协作工作坊

大家都有与这个主题相关的经验、知识、技能、想法、梦想、抱负和建议。工作坊的目的就是：收集集体的知识、共创新知识、理解它们并智慧地去运用。

以下是流程，如果哪里不清楚，请提出来。

请把你的名字写在工作表上。

选择你的访谈伙伴（现在有机会去多了解一下别人）。

不管谁首先采访，都请大声地读一下"导入语"。

接下来，采访者提出第一个问题，必要时请用要点来提示，被访者讲述与主题相关的高峰体验的故事。

采访者在被访者的表上做些笔记——不用太详细（这样他稍后就有可参考的记录了）。

问题和要点是用来作指南或提示的。如果好奇心把你带到别处，只要还在这个主题上，那就请继续。

访谈中唯一重要的就是你参与工作坊的心态：好奇心。因为你是在对话而不是审问！

保持开放的好奇心；记住你是在倾听对方的故事，这是关于对方的真相，你有权利倾听。

20到30分钟以后，我会请你们互换角色，采访者换作被访者。采访者重新读一下"导入语"并按提示做，请带着你对被访伙伴关于主题的高峰体验的真正好奇心去访谈。

- 40到60分钟（或完成两次访谈的时间）后，采访同伴与其他两人小组形成四人或六人小组。
- 进入引导的模式，让大家在四人或六人小组里分享故事的亮点并找到共性主题，找到一个最能体现出全部或大多数共性主题（焦点2）的故事。
- 作为主持人邀请每个小组讲述一个他们的典型故事。
- 然后让大家从所有故事中萃取出共同优势和主题，从而确定"正向核心"。
- 正向核心会成为梦想和设计环节的数据输入（焦点3和焦点4）。
- 从此刻开始，他们要继续在小组内工作。有时，工作坊需要做个人反思。
- 引导最后的汇报并明确接下来要做什么。
- 请记住，每个工作坊里的时间建议仅供参考。

过程总结

接下来的21个高度互动的工作坊，旨在当两人一组开始他们第一次访谈时就让房间里充满人们对话的声音，然后和其他人形成小组分享高峰体验的最佳故事，并从这里浮现出共性主题。一旦你释放出参与者的能量，他们就很难停下来。针对高峰体验的发现访谈是探询的第一步，它开始改变团队的能量水平，调动团队的潜能去拥抱变革,创造新的思维模式并以生成性的方式揭示情感和行为。从被问的第一个问题开始就有了蜕变的潜力,并开始向更有意识地生活与工作、建立基于优势的组织而转变。

第四部分
不同主题的 21 个工作坊

第四部分　不同主题的 21 个工作坊

本部分包括 21 个有着广泛肯定式主题的正向、基于优势的变革工作坊。

工作坊包含很多主题。有些是寻常但经常有需求的好主题，如变革、领导力、团队建设、创造力与客户服务。还有一些是随着世代的交替（人口和技术）对我们影响越来越大的新主题，如协作、多样性、社交媒体、环境、可持续发展以及工作与生活的平衡等。每个工作坊的主题、流程和结构都是遵循欣赏式探询的 4D 循环来设计的，并把具体的情境和内容留给引导者和参与者决定。

所有 21 个工作坊，都能让参与者通过生成性对话发现已有的优势和资产，从而加速人们连接的速度和理解集体的输入。当参与者共同发现意义和创造新知时，他们会放大和提升系统的优势和资产（"正向核心"）。因此，自我和团体赋能的感受和表达就会变得明显。

01 工作坊：积极地创建变革

时间与流程：3 小时 40 分钟	收益与产出
焦点 1：40 分钟 ■ 每人用 20 分钟做相互访谈 **焦点 2：70 分钟** ■ 小组用 30 分钟分享故事 ■ 用 15 分钟在完成问题 4 后汇报和引导正向核心 ■ 用 15 分钟来让团队回答问题 5 并引导大家做集体回应 ■ 用 10 分钟来回答问题 6 **焦点 3：55 分钟** ■ 用 30 分钟创建梦想 ■ 用 15 分钟展示和讨论 ■ 用 10 分钟作引导式汇报 **焦点 4：45 分钟** ■ 用 15 分钟进行小组讨论 ■ 用 10 分钟作引导式汇报 ■ 用 10 分钟做个人反思 ■ 用 10 分钟做引导式汇报 **缓冲时间为 10 分钟，用来做简短休息或作为活动与汇报的意外超时**	当变革正在发生且在组织中有一些阻抗和不舒适的时候，你可以选择这个工作坊。这个工作坊的最佳时机是当你知道变革在计划之中，你邀请组织成员参加这个工作坊来帮助他们为变革做好准备。在这个工作坊中，参与者聚焦到过往所经历的变革中最值得回忆的部分。发现过去什么是运作有效的，展望要如何定位自己，以在未来更加积极和乐观地拥抱变革。识别出什么运作有效之后，参与者可以计划自己能做什么，团队可以开展的项目，以及领导者在变革期间要如何给予支持。

积极地创建变革工作表

导入语

在多数情况下,一提到"变革"就会给人带来担忧、阻抗和焦虑的感觉。变革有最佳时刻也有最糟时刻。现在,让我们聚焦到过去所经历过的变革中的最佳时刻。回想你所经历过的某段变革时光,那是一次积极的体验。刚开始可能并非如此,但结束时对你而言是积极的。发现过去运作有效的部分可以告诉我们成功变革的关键。基于这些能力,展望你要如何定位自己,以在未来更加积极和乐观地拥抱变革。识别出运作有效的因素,想象当下一次变革启动时,你能做什么,规划一个团队可以开展的项目,或建议领导者在变革期间要如何给予支持。

焦点1——从积极变革的故事中发现最佳状态

两两访谈

1. 回想以往变革的经历,它可能有最佳时刻也有最糟时刻。让我们聚焦到最终全部顺利实现的变革经历的最佳时刻上。

- 告诉我你的故事。
- 描述一下发生了什么。
- 有谁参与其中？
- 你正在做什么？

2. 如果毫不谦虚地说，你具体做了什么事情让变革积极地发生？

- 你做了、想了和感受到了一些什么？让你感到自豪的是什么？

3. 其他一些有所贡献的是什么？比如：

- 变革被规划、组织和沟通的方式；
- 领导者是如何带来贡献的；
- （人际）关系是如何起作用的；
- 当时的时机是怎样的？

焦点2——有助于积极创建变革的3个愿望
两人访谈小组形成四人或六人小组

4. 在你的小组里，采访者介绍被访谈伙伴并分享他

"积极创建变革"故事的亮点。

- 在你恭恭敬敬地聆听时,关注故事中浮现出的共性主题。
- 选择一个能代表积极创建变革优势和成功因素的典型故事,汇报给其他小组。这些特点代表了积极创建变革的"正向核心"。

5. 从你听到的大家关于积极创建变革的故事中,有什么共性主题浮现出来:优势、资产和成功要素的主题?

6. 基于你的最佳时刻,如果请你许下3个让下次变革成为积极体验的愿望,那会是什么:

- 关于你和你的同事?
- 关于领导者?
- 关于你所在的组织?

焦点3——梦想,展望通往变革的最佳途径

小组讨论

7. 假如,你正为一个新的变革项目启动做准备。基于前面积极变革的故事和愿望,你能想象的最可能的变

革是什么？

- 你珍视和想要保持或持续做的事情是什么？
- 你要创建哪些新项目以确保变革成功，例如，新政策、流程、架构、工具、技术、产品和沟通策略？
- 能够帮你成功跨越复杂转变的事情是什么？
- 用尽可能生动的方式汇报你们小组的梦想，例如绘画、拼图、情景剧、唱歌、写诗或新闻发布会。

焦点4——反馈与前馈
小组与个人反思

8. 你的团队可以开展的一个强化"变革肌肉"的项目是什么？

- 如果由你负责，你会做什么？
- 你会如何与员工沟通并告知他们有关变革的信息？

9. 从变革的积极方面看，对你而言，今天的最佳时刻是什么？

- 当你离开工作坊后，你能做的帮自己聚焦在变革积

第四部分 不同主题的 21 个工作坊

极因素上的一件小事是什么？
■ 你可以给那些正处在变革中的同事们怎样的鼓励和支持？

如果企业不灌输恐惧心理而是提供一种让人们投入的方法——扩展能量和智慧，人们可能就会免费加班了。他们会更有创造力，企业便会突飞猛进。这是一种可能的方式，虽然本身并非如此，但可以被轻易地做到。

——戴维·林奇（1946—）

我拥抱新的体验，我参与到发现的过程中。我是一只蝴蝶，我不是蝴蝶收藏家，我要做蝴蝶。

——威廉·斯坦福（1914—1993）

你能为别人做的最大的好事不仅是分享你的财富，还要发现他们自己的财富。

——本杰明·迪斯雷利（1804—1881）

鸸鹋*和袋鼠之所以被列在澳大利亚的国徽上，是因为这两种动物都不懂得倒退。

——佚名

---

* 鸸鹋，即澳洲鸵鸟。——译者注

02 工作坊：共享式领导

时间与流程：2 小时 40 分钟	收益与产出
焦点 1：60 分钟 ■ 每人用 30 分钟做访谈 **焦点 2：65 分钟** ■ 小组用 30 分钟来分享故事 ■ 用 20 分钟来引导问题 7 的正向核心 ■ 用 15 分钟引导分享问题 8 **焦点 3：30 分钟** ■ 用 15 分钟回答问题 9 ■ 用 5 分钟回答问题 10 ■ 用 10 分钟带领分享 缓冲时间为 5 分钟，用来做简短休息或作为活动与汇报的意外超时	你可能会在对团队角色和职责有些混淆时选择这个工作坊。这种情况通常会在人们作为项目成员，在不同项目中担任不同角色和职责时发生。在这个工作坊中，参与者要探索共享式领导以及职责和义务如何清晰地与他们所担任的角色相匹配的条件。 经过这个过程，人们会意识到在不同情况下如何坚持自身的领导而又不会让别人感觉不妥。参与者会带着对自身领导力潜能的觉察和知道如何去发展它们而离开会场。

共享式领导工作表

导入语

我们一生中都在不同时间里扮演过领导的角色——未必是正式的领导者，而是在某种程度上履行领导职能。我们何时、为什么以及如何做有赖于很多因素：情形召唤什么；我们做此事的能力和意愿；我们对于手头工作的经验、知识和技能；我们的个性和当时对领导者的需求和角色的信念等。我们会在家庭、娱乐活动以及在工作的不同情形和项目中展现领导力。在这次关于你和领导力的探询中，回想一段在某种程度上属于共享式领导的经历。让我们探询一下那些促成共享式领导，以及责任和义务如何清晰地与领导者角色匹配的条件。另外，领导力的一个重要内容就是发展他人的领导力，所以你鼓励领导者脱颖而出的经验又是什么？

焦点1——共享式领导

两两访谈

1. 回想某段你在工作、娱乐和某种关系中体验到共享式领导的经历，告诉我你的故事。

- 这是关于什么的故事？
- 是什么让它成为共享式领导机制？
- 描述一下当时发生了什么？
- 涉及谁？

2. 在这个故事中你如何评价自己的角色？

- 你做了什么特别的事情？
- 你的优势是什么？
- 你有怎样的感觉？

3. 你如何评价参与其中的其他人的贡献？

- 他们都是谁？
- 他们的行为是怎样支持共享式领导的？

4. 你如何评价共享式领导机制的组织过程？例如：

- 能够获得的资源是哪些？
- 整体环境是怎样的？
- 还有什么支持共享式领导？

5. 对于你故事中的责任与义务，你有怎样的观察或评论？

6. 你会如何展现自己的领导力？

- 关于自身的领导力素质，你有3个怎样的愿望？

焦点 2——领导力的价值

两人访谈小组形成四人或六人小组

7. 在你的小组里，采访者介绍被访谈的伙伴并分享他"共享式领导"故事的亮点。

- 在你恭恭敬敬地聆听时，关注故事中浮现出的共性主题。
- 选择一个能够代表共享式领导积极因素的故事。这些积极因素代表了"正向核心"——让共享式领导成长的资产和环境。

8. 在你当前的环境或职场中，你最珍视和欣赏的领导力是什么？

- 领导力的哪些方面可以共享？共享这些方面的好处是什么？

焦点 3——让我们行动起来！

小组与个人反思

9. 当我们对自己所做的事情感觉满意时，每件事情都显得很轻松，我们会更加乐观和充满能量，我们会放下自我和个人议程去做更多。如果我们带着最好的意图，去关注我们做的事情，高能量的状态就会出现。你会做些什么事情来发展他人的领导力？

10. 关于共享式领导，今天你有什么新的发现？

欲先民，必以身后之。

——老子（前600—前471）

为了让别人了解我们的思维方式，我们必须了解他们的想法；要领导他人，就必须遵守这个原则。

——威廉·黑兹利特（1738—1830）

领导力与学习彼此不可或缺。

——约翰·费茨杰拉德·肯尼迪（1917—1963）

第四部分 不同主题的 21 个工作坊

03 工作坊：欣赏协作

时间与流程：3 小时 20 分钟	收益与产出
焦点 1：50 分钟 ■ 每人用 25 分钟做访谈 **焦点 2：60 分钟** ■ 小组用 30 分钟分享故事 ■ 用 20 分钟让小组回答问题 5 ■ 用 10 分钟来引导回答和记录正向核心 **焦点 3：60 分钟** ■ 用 30 分钟创建梦想 ■ 用 15 分钟介绍梦想 ■ 用 15 分钟引导汇报 **焦点 4：25 分钟** ■ 用 10 分钟进行个人反思和对话 ■ 用 15 分钟来引导式汇报学习收获和能带走的是什么 缓冲时间为 5 分钟，用来做简短休息或作为活动与汇报的意外超时	这个工作坊对聚在一起的多元团体最有帮助。他们平时可能不在一起，既有自己的利益要维护，也有很多要分享；他们很可能来自不同的文化背景。这个工作坊的目的是让参与者听到每个人先前与他人合作的经验，并把最好的整合到未来与他人的合作中，以便更加积极和乐观地拥抱未来与他人的合作。

欣赏协作工作表

导入语

　　合作是指人们聚在一起，以多种方式为创造新生事物而做出贡献。在蓬勃发展的全球化知识经济时代，随着越来越多代表了不同文化的虚拟团队遍布在世界各地，对高效合作的需求逐渐成为热点。技术可以帮我们获取更多信息，在博客上发布自己的观点，参与到他人的博客、维基、社交网络空间等。这种网络空间的工作方式在场所上是中立的。我们可以坐在房间里或跨越地球不同时区的隔间里。与拥有如此多样化思维和情感的人一起做项目是非常令人兴奋的。然而，对差异化信任、尊重和欣赏的价值观是依然需要的——尤其在虚拟环境中可能更是如此。此外，重要的是要认识到"正确"或"唯一"的方式不再由某个团体控制。如果我们对未知和不能预测的结果保持开放和灵活的态度，并坚持利用现有资源把事情做到最好，这样的信念就会给我们带来帮助。

焦点1——最佳合作的经历

两两访谈

1. 你所参与过的最成功的合作是什么样的？你当时最欣赏整个情形中的哪个环节？

- 在你的故事中，请描述一下：你认为它之所以能成功是因为它具备哪些特点、你们有哪些好的做法，比如：目的、愿景、角色、目标、责任、人们的态度、沟通和工具等。

2. 你如何评价自己对这次合作做出的贡献？

- 你贡献了什么以及是如何贡献的？
- 是什么激励了你？
- 你有怎样的感受？

3. 你如何评价其他的贡献者？

- 他们贡献了什么以及是如何贡献的？
- 共性与差异又是如何助力这次合作的？

焦点 2——最吸引人的发现

两人访谈小组形成四人或六人小组

4. 在你的小组里，采访者介绍被访谈伙伴并分享他"欣赏协作"故事的亮点。

- 在你恭恭敬敬地聆听时，关注故事中浮现出的共性主题。

- 选择一个你们认为能够反映出全部或多数共性主题的故事并分享给其他小组。

5. 在你们听到的所有故事中,那些最好和最成功合作的特点是什么?此即它的"正向核心"——那些让合作充满生机、能量和令人满意的因素。

焦点3——为新的合作创建一个样板
小组

6. 设想下个月你要给计划承担一项企业社会责任倡议的参与者做演示。你的团队建议项目发起人将这个项目作为一次跨部门、多利益相关方的合作,这样就能考虑到所有视角和获得多元的资源与技能。

- 你鼓励他们把这项倡议视为合作而不是个体、不完整团体或单一群体(例如仅有信息技术、战略、营销、工程、政府或单一人群)的最吸引人的理由是什么?
- 你要怎样帮助他们展望合作可能带来的好处与积极结果?
- 请用最生动的方式向其他小组展示你们团队关于

合作的样板。可以是一幅画、一幅拼图、一段表演、一首歌或一首诗。要富有想象力,好好去享受它!

焦点4——反思与期待

小组与个人反思

7.当你讲述并听完过去成功合作的故事又想象了未来的可能性后,你今天有哪些新的洞见,学习到哪些新知识?

8.考虑到下一次你与他人的合作,你最期待产生的贡献和最珍视的是什么?

永远不要怀疑,一群有想法和信念坚定的人能够改变世界;事实上,那是唯一发生过的事情。

——玛格丽特·米德(1901—1978)

人类的思想一旦延伸出一个新想法,便再不能回到它初始的地方。

——奥利弗·温德尔·福尔摩斯(1809—1894)

我们要么找路,要么就修路。

——汉尼拔(前247—前182)

04 工作坊：珍视技术

时间与流程：2小时45分钟	收益与产出
焦点1：40分钟 ■ 每人用20分钟做访谈 **焦点2：40分钟** ■ 小组用30分钟分享故事和汇报典型故事 ■ 用10分钟来引导问题4中的正向核心 **焦点3：50分钟** ■ 用30分钟创建梦想 ■ 用10分钟介绍梦想 ■ 用10分钟引导汇报 **焦点4：30分钟** ■ 用15分钟让小组回答问题7和问题8 ■ 用5分钟做个人反思 ■ 用10分钟来引导汇报 缓冲时间为5分钟，用来做简短休息作为或活动与汇报的意外超时	你之所以选择这个工作坊，可能是因为随着技术、系统和软件的日新月异，人们经常对不得不持续学习新的流程和系统感到负担太重。在这个工作坊中，参与者们可以分享到那些在不同领域造福人类的令人兴奋的技术知识，特别是那些在各自工作场所服务于他们的技术知识。参与者也要展望在当前环境中还有什么可以改进的可能性，并对当前使用的系统做出改善性建议，以让技术在未来更好地为自己和客户服务。

珍视技术工作表

导入语

早在50000年前，当我们的祖先们在狩猎过程中使用棍棒以提高谋生手段时，技术就开始为我们带来帮助。使用工具让我们的祖先生存下来，这是一件明智的事情。我们务实地去应用知识，这就是一种智慧。如今，在21世纪，我们有如此多的知识，而我们面临的最大的问题是：我们在智慧地应用这些知识吗？工具和技术在不断地满足甚至超过我们变革中的社会所浮现出的需求。在当今世界的每个角落，如果没有不断出现的技术，难以想象我们会如何工作。技术可以帮助人们将日常工作和流程变得容易和快捷，让人们更加自由地做更有创造性和复杂的工作。一旦我们学会如何使用和应用新技术，我们的工作和生活就会变得非常容易。已经有很多杰出技术为我们的生活带来价值。提高性能、改善产品质量与生活方式的潜力是没有边界的。

焦点1——技术的最佳贡献

两两访谈

1.如今你能想起来的在任何领域（艺术、健康、教育、交通和生产）最富有创新性的技术是什么？

- 详细描述一下你所知道的创新技术以及它们能做什么。

- 对享受创新技术服务的客户来说,有什么好处?
- 关于这些技术,让你感到兴奋的是什么?

2. 当前工作中你使用了哪些技术?
- 它们是如何服务你和客户/顾客的?
- 这些技术又是如何为你的工作及生活质量带来帮助的?

焦点2——有用的技术
两人访谈小组形成四人或六人小组

3. 在你的小组里,采访者介绍被访谈的伙伴并分享他们每个人的两个故事:

(1)他们想到的最棒的技术;(2)他们是如何在工作中最好地应用技术的?

- 有什么共性主题从这些最佳和最成功的技术经验中浮现出来?
- 从小组中选出一个最有吸引力的技术故事分享给其他小组。

4. 列出一份技术是如何在包括健康、教育、环境、娱乐、交通运输和生产等各行各业中,帮助人们实现最佳效果的清单。

焦点3——未来的可能性

小组

5.设想在未来五年之后,当你来到工作场所时,你拥有最好和对工作最有帮助的技术。那时,你在使用什么样的技术?它能让你或别人有何不同或体验到什么样的不同?

6.以富有创造力的方式设想你未来的工作场所。展示你是多么享受这些新技术和设备——你得到很多好处,你的朋友和孩子们都觉得这棒极了。还有哪些了不起的技术资产能让你的工作令人满意、愉快和有意义?

- 以创新的方式向其他小组展示未来技术增强后的工作场所:可以是一幅画、一段喜剧、一个隐喻或一种媒体形式等任何能将你的技术梦想描述清楚的方式。
- 在你所设想的未来中,你是如何被训练以及如何保持最新状态来确保你始终处于技术创新前沿的?

焦点4——当前的改进

小组与个人反思

7. 基于当前的体验和所能设想的可能性，你建议做什么改变来提高你工作和生活的质量、增强同事和客户的体验？

8. 为确保工作场所的技术能够最大化地帮助你，你认为需要在明年实施哪些方面的改进？要采取哪些具体措施？

9. 你建议先从哪些行动开始？有影响力的短期行动是什么？

任何足够先进的技术都难以和魔法有所区分。

——亚瑟·C.克拉克（1917—2008）

这是随着每项新技术而改变的相框，而非仅仅是相框内的照片。

——麦克·卢汉（1911—1980）

今天的科学是明天的技术。

——爱德华·特勒（1908—2003）

第四部分　不同主题的 21 个工作坊

05 工作坊：为持续革新释放创造力

时间与流程：3 小时 25 分钟	收益与产出
焦点 1：50 分钟 ■ 每人用 25 分钟做访谈 **焦点 2：60 分钟** ■ 小组用 30 分钟分享故事和识别主题，以及引导问题 3 中的正向核心 ■ 用 30 分钟来回答完问题 4，包括汇报小组的答案 **焦点 3：50 分钟** ■ 用 30 分钟创建梦想 ■ 用 10 分钟介绍梦想 ■ 用 10 分钟引导汇报 **焦点 4：30 分钟** ■ 用 10 分钟引导回答问题 7 ■ 用 10 分钟针对问题 8 和问题 9 做个人反思 ■ 用 10 分钟引导汇报 **缓冲时间为 15 分钟，用来做简短休息或作为活动与汇报的意外超时**	你选择这个工作坊可能是因为人们在展现自己时会有些胆怯。在这个工作坊中，参与者要回忆他们最富有创造力的时刻，找出把他们的创意带入工作场所中的因素。他们以创新的方式来识别最大化效率与表现所需要的条件。运用自己的见解以创造性的方式说明激发天生创造力会如何影响到他们的工作。

为持续革新释放创造力工作表

导入语

虽然很多人否认我们天生就有创造性,但我们的确有创造力。关于创造力,我们倾向于将自己的思维固化在把创造力归属于绘画、音乐、歌剧、写作或电影等艺术领域,或认为创造力属于某些工作,如广告、公共关系和游戏等。而在工作场所中,即便我们认为自己的创造能力是受挫的,也会相信有无数的其他机会发挥创造力。其实不应该这样想。无论在工作中还是娱乐中,一定有我们完全被吸引在活动中的时候,也就是说我们在全力以赴。也许是因为很容易或很有挑战,或者两者都有。尽管如此,你是有创造力的。它可能体现在你想到一个与众不同的或新的方式来展示你的想法,或者是一个电子表格,或者是策略的改变。那么,是什么把你全部的创造力带入工作场所中,运用创新想法提高生产力和表现的条件是什么?另外,你有哪些方式来表达清楚你的才干和你所热衷的想法?

焦点 1——创造力的条件

两两访谈

1. 过去,当你做出某项新东西时,很可能就展现了"创意"或正在做这方面的尝试。

- 你做出了什么(一首乐曲、一场演示、一段喜剧、一次会议日程、一段视频、一件首饰、一篇博客或一个产品)?
- 那是怎样的一段经历?
- 是什么激发了你的创造力?是你的能力、知识、资源、态度、信念、渴望和来自他人的鼓励吗?

2. 支持你表现创造力的最重要条件是什么?

- 回想一下是什么帮助了你。你的思维模式、使用的工具、合作的人、时间、热情和期待是什么?

焦点 2——生产力与创造力的能量

两人访谈小组形成四人或六人小组

3. 在你的小组里,采访者介绍被访谈的伙伴并分享他富有创造力故事的亮点。

- 聆听那些能够体现出才干、优势、资产和成功释放创造力的共性主题。
- 你们集体的"正向核心"是什么?

4. 在工作中,你如何表达自己的创造力?你能举个什么样的例子?

- 你目前花在练习创造力上的时间和精力占多大比例?
- 这些例子和比例是如何说明创造力与革新在你的工作场所被重视的?
- 你实际上可以做什么或想做什么,使你在工作中更富有创造力?这会给你、你的工作和他人带来怎样的积极影响?
- 你如何让同事或领导知道你希望有更多机会来展现你伟大的创造力?

焦点3——释放你的创造力

小组

5. 设想你的工作场所是最具革新性的。在你看来,那会是怎样的?

- 那是关于人们的能力、智慧、经验、才干、性格、友善、网络、领导力、认可和回报吗?
- 是关于技术吗?
- 是关于文化吗?
- 是关于政策、规定和治理吗?

6. 以一种富有创造性的方式展示你们设想的最具革新性的工作场所,把你们想到的最重要的因素整合进去。它可以是一段表演、一幅画、一张图、一个故事、一段媒体故事等各种形式。创造性地发挥你们的想象力。

焦点4——创造力的氛围

小组与个人反思

7. 组织能促进创造力与革新的优势是什么?
8. 你要如何借助创造力来加速革新?
9. 你要做出哪些积极的改变来最大化你的创造力?

有两种创新的方式。一种是唱歌和跳舞,另一种是创造一个让歌手和舞者蓬勃发展的环境。

——沃伦·本尼斯(1925—)

历史上从未有过的创新,在这么短的时间内提供了这么多的希望。

——比尔·盖茨(1955—)

创造比学习更好,创造才是生命的真谛。

——巴托尔德·乔治·尼布尔(1776—1831)

06 工作坊：高绩效团队

时间与流程：3小时10分钟	收益与产出
焦点1：40分钟 ■ 每人用20分钟做访谈 焦点2：60分钟 ■ 小组用30分钟分享故事和各组汇报典型故事 ■ 用30分钟来引导正向核心与问题4中的三个愿望 焦点3：55分钟 ■ 用30分钟创建梦想 ■ 用10分钟展示梦想 ■ 用15分钟引导问题8后的分享 焦点4：25分钟 ■ 用10分钟做个人反思 ■ 用15分钟引导汇报 缓冲时间为10分钟，用来做简短休息或作为活动与汇报的意外超时	选择这个工作坊可能是因为你发现在有人进进出出不同项目团队时，澄清角色和责任非常重要。在这个工作坊中，参与者分享他们以前在成功团队中的工作经历。一旦人们能够识别出自己和他人所做贡献的优势，他们就能共创方法并前进，在已有的优势基础上设计进一步强化现有团队的通道。

高绩效团队工作表

导入语

团队合作与团队建设是重要的话题。我们通过团队工作，把最好的人和资源带到某种情境中。我们拥有不同的技能、个性和动机，因此，团队总是充满活力的。当我们拥有清晰的目标、角色、领导过程和职责时，团队效能就会提高。然而，因为我们的社区中有多元的价值观，所以我们知道个性偏好、思维方式、社会交往、信念体系和价值观会影响我们的连接方式。因此，是什么促成了真正高绩效的团队？我们都曾在某种程度上有过在高绩效团队的经历，即便是只有两个人的团队。让我们和那些高效团队的最佳经历来场相遇吧！让我们识别出自己和他人做出贡献时的优势，并在已有的优势（我们的正向核心）上设计进一步强化现有团队的方法。

焦点 1——高绩效团队的故事

两两访谈

1.请回忆这样一个故事：当你作为某个团队的成员时，这个团队表现得确实非常好——一个非常成功的团队。

- 是什么促成了这个高绩效的团队？
- 角色、目标、领导、沟通、行为是怎样的？这些因素对团队的影响是什么？
- 除此以外还有什么给团队带来了积极的影响？

2. 当回忆起这个故事的时候:

- 你自己在团队中扮演的角色和为团队带来的优势是什么?
- 团队成员的个体优势有哪些?
- 他们又是怎样为团队成功做出贡献的?
- 你如何描述这个团队的精神?
- 关于这段经历你有什么感觉?

焦点2——进一步强化我们的团队
两人访谈小组形成四人或六人小组

3. 在小组里,采访者介绍被访谈伙伴并分享他最成功团队故事的亮点。

- 在你恭恭敬敬地聆听时,关注故事中揭示团队优势的共性主题。
- 选择一个能够代表成功团队优势的故事,从这个故事中你能找到高绩效团队成功的特点——"正向核心"。

4. 从这些故事中的共性主题来看,要进一步提高团队表现,你们可以许下的三个愿望是什么?例如,它可能是有关人、培训、财务、环境、技术、战略、营销、政治、流程、政策的。

焦点3——梦想团队

创意小组

5. 考虑到这些高绩效团队的优势和能力,想象你明天就来工作并开始整合所有这些元素,创建出你所期待的最好和最强大的团队。那个团队会是什么样子的?

6. 用你全部的想象力来描述这样的工作:

- 你正在怎样开展工作;
- 怎样沟通;
- 怎样对话;
- 如何认可每个人的贡献;
- 如何表达感受;
- 如何庆祝;
- 如何停下来(放松);
- 如何学习;
- 其他任何你能够想象到的能让团队强大的事情。

7. 尽可能创造性地向其他小组展示你们渴望的梦想团队。它可以是一幅画、一幅拼图、一段表演、一首歌或一首诗。发挥你们的想象力,并好好地表演。

8. 为了让这个团队更加强大,你对参加什么样的项目感兴趣?你可以采取的一些初步行动是什么?

■ 如果由你来领导这个团队,你会怎么做?

焦点4——设计与实现

个人反思与引导汇报

9. 本次会议的亮点是什么?
10. 你如何评价自己在今天做出的贡献?
11. 你如何评价别人在今天做出的贡献?
12. 你如何评价自己的团队?

一人为水,聚水为海。

——芥川·萨托罗

我们并没有独自在这个世界上完成任何事情……无论发生什么,漂亮的织物都是经由不同人的针线共同编织成的。

——桑德拉·奥康纳(1930—)

团队精神是众多企业强于竞争对手的利剑。

——乔治·克莱门茨

第四部分 不同主题的 21 个工作坊

07 工作坊：富有同情心的连接

时间与流程：3 小时	收益与产出
焦点 1：40 分钟 ■ 每人用 20 分钟做访谈 **焦点 2：45 分钟** ■ 小组用 35 分钟分享故事和汇报各组的典型故事 ■ 用 10 分钟来引导正向核心——问题 4 中的优势 / 高价值的共同主题 **焦点 3：50 分钟** ■ 用 30 分钟来创建梦想 ■ 用 10 分钟来展示梦想 ■ 用 10 分钟来引导汇报 **焦点 4：35 分钟** ■ 用 15 分钟小组小讨论 ■ 用 10 分钟引导汇报 ■ 用 5 分钟针对问题 7 和问题 8 做个人反思 ■ 用 5 分钟用来引导汇报 **缓冲时间为 10 分钟，用来做简短休息或作为活动与汇报的意外超时**	这个工作坊不是聚焦在消极情绪、差异和利己主义上，而是邀请参与者换个角度，从人类共同的视角看问题。在这个工作坊中，参与者分享他们自己经历和见证过的富有同情心的故事。从我们在大城市日复一日外出谋生、照顾家庭、教育孩子中去发现富有同情心是什么样的状态？富有同情心在工作中又是怎样的？参与者定义什么是富有同情心以及它为什么重要？当人们离开时可以带上一份如何表达同情心和照顾自己的承诺。

富有同情心的连接工作表

导入语

有时候，停下来做个深呼吸并反思一下我们的生活是一件很好的事情。我们与整个人类和自然界——天空、土地、海洋和其他生物的连接是怎样的？提醒着我们既渺小又伟大的宇宙又是怎样的？作为独立的个体，我们仅仅是宇宙的一粒尘埃，然而我们的潜能是巨大的。我们可以为自己的所作所为感到自豪，也要感到谦卑。我们逐渐懂得，生活在一个相互联系的世界中，我们彼此是相互依赖的。为了所有人类的繁荣，我们不能让他人受到伤害。在我们每天外出谋生、照顾家庭、教育孩子的大城市中，同情心是怎样体现的？在那些远离我们所以我们并不了解的国家中又是怎样体现同情心的？什么是同情心？它为什么重要？我们要如何表达同情心和学会关爱自己？

焦点1——为同情心建模

两两访谈

1.请回想一段你与他人深度连接并深深感受到同情心的经历——它增强了我们与他人同在社区的感觉。

- 描述一下当时发生了什么？
- 你是如何参与其中的——作为参与者还是观察者？
- 那段让你与他人富有同情心连接的经历是怎样的？
- 你注意到那个时候其他人的行为是怎样的？
- 在这个富有同情心连接的故事中，你发现自己有什么不同？
- 你觉察到自己有怎样的特殊感觉？你身体的哪个部位体会到这种感觉？

焦点 2——保持同情心

两人访谈小组形成四人或六人小组

2. 在你的小组里，采访者介绍被访谈伙伴的"富有同情心连接"故事的亮点。

- 在你恭恭敬敬地聆听时，关注故事中那些能够反映出富有同情心连接特点的共性主题。

3. 从你们小组选择一个能够代表同情心特点的故事分享给其他小组。

4. 在你反思自己和别人的故事时，浮现出哪些让我们对他人有所同情的共性主题？

焦点3——设想，我们都是彼此的一部分
小组

5. 作家托马斯·默顿说过："同情心的基础是意识到所有生命间相互依存的关系，它们都是彼此的一部分并互相牵连。"假设你一觉醒来已经是10年以后，那时的生活方式表明，我们都已经清楚地意识到所有的生命是相互依赖的。你能在"我们都是彼此的一部分"的世界里具体看到什么？有什么新的和令你渴望的东西？

6. 向其他小组用尽可能有创意的方式展示你们小组的梦想。可以是一幅画、一张图、一段表演、一首歌或一首诗，来呈现"我们都是彼此一部分"的富有同情心连接的价值。

焦点4——你的渴望
小组与个人反思

7. 对于那些（真实或虚构的）体现同情心的人，你与谁最有连接感？你不必说出他的名字，他们有什么特点是你最欣赏的？

■ 你渴望未来进一步发展哪项所选人物的特点？

- 你要如何做？
- 你期待什么样的结果？

8. 对于这次"富有同情心连接"的会议，你最珍视的是什么？

一个人真正的道德发展起点是，关心别人、让他们的问题变成自己的问题。

——费利克斯·艾德勒（1851—1933）

我宁可去感受同情，也不去过于纠结它到底是什么。

——托马斯·阿奎那（1225—1274）

08 工作坊：基于优势的教练

时间与流程：3 小时 15 分钟	收益与产出
焦点 1：40 分钟 ■ 每人用 20 分钟做访谈 **焦点 2：60 分钟** ■ 小组用 20 分钟分享故事 ■ 用 30 分钟来准备回答问题 6 以及让小组分享个人宣言 ■ 用 10 分钟来引导汇报 **焦点 3：50 分钟** ■ 40 分钟相互教练环节（20 分钟 ×2） ■ 用 10 分钟来引导汇报 **焦点 4：30 分钟** ■ 用 15 分钟做个人反思和教练规划 ■ 用 15 分钟来引导汇报 缓冲时间为 15 分钟，用来做简短休息或作为活动与汇报的意外超时	如果创建教练型文化是你的目标，那这个工作坊是一个非常好的开始。在这个工作坊中，参与者将体验一种始于运作良好的，并促进人们关于天生优势、才干和偏好对话的教练模型。人们会学到这其中有选择的关键点。在某些情况下，人们可以关注不足也可以关注优势，他们可以决定什么会产生最大的杠杆作用。从基于优势的角度看，参与者识别出自己和同事的特点和所做的积极贡献。在这个工作坊中，参与者会体验到基于优势的教练的工作过程。

基于优势的教练工作表

导入语

教练是关于提高、迈向下一阶段、实现期待与找到方法来实现个人全部能力与潜能的学问。一个主流的传统教练模型是为了消除不足、处理问题而去发现有什么错误，或去关注曾经的失败。而基于优势的教练拥有在每个系统（人或其他）中都有已建立很多且运作有效的世界观。这个教练模型从运作最好的（我们的天生优势、才干与偏好）开始。我们知道这里面有选择的关键点。我们聚焦在让我们充满能量的事情上。另外一种说法是"注意力在哪里，能量就流向哪里"。作为领导者、同事、父母和教育工作者，难道鼓励他人在生活中发展（帮他们以最充分和尽可能满意的方式来生活，强化他们已有的才干）不是我们的责任吗？有关基于优势的教练比较中肯的概念来自大卫·库珀里德与已故管理学泰斗彼得·德鲁克的一次对话，德鲁克说："领导力的任务就是打造并强化优势而让不足变得无关紧要。"

焦点1——识别优势简介

两两访谈

1. 我们在生活的各个方面都会经历"最佳时刻与最糟时刻"。回想过去6～12个月里的一段"最佳时刻"。哪个时刻令你难忘，比如在你感到非常投入或有挑战时，在你对自己的优势和才干有重要发现时,请分享这个故事。

- 当时的情形是怎样的?
- 还有谁参与其中?
- 你正在做什么?
- 发生了什么让你意识到自己的优势?
- 这让你有怎样的感觉?

2. 让我们设想与3位非常了解你的人谈话,请他们分享你身上最突出的3项品质,他们会怎么说?

3. 关于这些具体的好品质,他们会列举一些怎样的证据?

4. 从你的故事和别人发现的这些优势看,在你发挥优势工作时,你会意识到什么?

- 在心理上?
- 在情感上?
- 在精神上?
- 在身体上?

焦点 2——认可你的优势

两人访谈小组形成四人或六人小组

5. 在你的小组里,采访者分享被访谈伙伴"个人优势"故事的亮点。

- 在你恭恭敬敬地聆听时,关注那些识别出优势的共性主题。

6. 这个小组的才干在向我们说明什么?带上所有集体的经验,创作一份个人宣言,让它能够反映出发挥优势工作给个体带来好处的本质。

- 相互分享个人宣言及你们的见解。

焦点 3——辅导优势

同伴教练——两人依据下列提示 / 问题相互教练

7. 选择一项你的优势并回忆你能充分发挥这项优势的一段时光。那时发生了什么?在你发挥优势工作时,这项优势如何影响你对时间、生产力和工作满意度的觉察?

8. 在你持续寻求发展时，你会如何创建渴望？

- 你要进一步发展哪项优势？
- 你要怎样增强现有的优势？
- 在你发展优势时，你能设想到的可能性有哪些？
- 关于这次教练，让你感到兴奋的是什么？

焦点4——作为教练发展自己的优势
小组与个人反思

9. 如果基于优势的教练目标是帮助你发展自己和同事的话，那你将注意力放在哪里？你要做什么来帮助他人识别和发挥他自己的优势去工作？

- 你要如何利用你的优势来发展他人？
- 选择一位同事、一个团队或是家庭的成员。发现他的一些优势。你决定要跟他说什么或做什么来帮他意识到自己的优势？如何鼓励他进一步发展这些优势？

当我敢于变得更加强大，用优势服务我的愿景时，是否害怕就已经变

第四部分 不同主题的 21 个工作坊

得越来越不重要了。

——安德烈·劳德（1871—1933）

人性最深切的渴求就是对被欣赏的需求。

——威廉·詹姆斯（1842—1910）

09 工作坊：尊重的关系

时间与流程：2 小时 30 分钟	收益与产出
焦点 1：30 分钟 ■ 每人用 15 分钟做访谈 **焦点 2：35 分钟** ■ 小组用 30 分钟分享故事和识别共性主题或分享故事中的优势 ■ 用 5 分钟来引导问题 3 中的正向核心 **焦点 3：45 分钟** ■ 用 30 分钟整合（梦想） ■ 用 10 分钟来展示小组梦想 ■ 用 5 分钟来汇报 **焦点 4：30 分钟** ■ 用 10 分钟来引导问题 5 后的汇报 ■ 用 10 分钟做个人反思 ■ 用 10 分钟做最后的汇报 缓冲时间为 10 分钟，用来做简短休息或作为活动与汇报的意外超时	你选择这个工作坊，可能是因为你要鼓励个体或多元团体相互欣赏各自关于尊重这个主题的不同观点。在这个工作坊里，让参与者识别尊重是如何在行为和互动中被体现出来的。他们分享很多来自商业情境的例子，并寻求能跨越不同领域的共性主题。他们要发现促成更加紧密的尊重关系的因素，以及自己在促进尊重关系中扮演的角色。

尊重的关系工作表

导入语

当出现高度尊重时，人们之间的能量或环境的基调是可以被感知的。我们能够看到、感觉到和听到尊重，这会让我们感动。尊重作为一种真实存在的价值观，体现在个体的行为和互动中。人们仔细地聆听，有礼貌、有耐心地探询并寻求理解。我们生活的节奏在加快，多元化在丰富我们的社区。正因如此，我们似乎要更加留意自己的冲撞会如何影响到其他人。一个微笑、让别人先走、对善行表达感激或致谢、看着对方表达欣赏，这些不仅显得你很慷慨还会产生多米诺效应。那些得到我们真诚与尊重的人，很容易对别人表现出同样的尊重和礼貌。而促成尊重的关系相互感染与传播的因素是什么？我们个人在其中扮演什么角色呢？

焦点1——尊重的关系的故事

两两访谈

1. 回顾你所经历或体验过的一次服务或商业情境，在这个情境中，尊重人不是停留在口头说说而已的价值观，而是活生生地存在于这个组织中。

- 这个关于尊重的经历是怎样的？
- 描述一下都发生了什么。
- 有谁参与到其中？

- 在你回忆这个故事的时候,你会有何反应?你体验到怎样的想法、感觉和行动?
- 关于这个尊重的体验,让你难以忘记的是什么?

2. 在这个商业或服务组织中,尊重被高度重视的标志是什么?

- 是服务的水准、沟通的风格、语言、产品、热情、关注细节、跟进、效率以及对环境的尊重吗?
- 是什么带来这些实际的不同?

焦点2——整合最佳的例子
两人访谈小组形成四人或六人小组

3. 在你的小组里,采访者介绍被访谈伙伴并分享采访到的故事亮点。

- 在你恭恭敬敬地聆听时,有哪些共性主题和共享的优势从这些"尊重的关系"的故事中浮现出来?
- 很多组织将"尊重"作为一项核心价值观,比如尊重雇员、客户和环境等。关于尊重作为文化的一部分,你从这些故事中有什么发现?

焦点 3——往前规划最好的例子

4.设想你进入梦乡,醒来时已是一年以后。当你来到工作场所时,你发现所有那些关于尊重关系的最佳例子都已经被实践了。它们被完全整合到你的团队、组织或业务中,以体现对人和环境不可妥协的尊重。那看上去会像什么?听起来像什么?感觉起来又像什么?

- 创建一个能够表达对所有利益相关方及工作环境尊重的剧本、一幅画、一幅拼图或一个隐喻。
- 给其他小组展示你们的创造力,尽情享受这个过程。

焦点 4——尊重你的关系
小组与个人反思

5.什么因素能够保持尊重的关系?例如,这取决于个人、管理、政策和以身作则吗?

- 你会提什么建议?你会介绍哪些新元素?
- 你要怎样与他人沟通以表现尊重的重要性?你渴望有怎样的收获?

6. 关于尊重的关系，你从这次交谈中学到或重新学到的最有价值的收获是什么？

7. 你能够带走的强化你尊重自己和尊重他人的收获是什么？

我尊重那些明确知道自己希望的人。所有恶作剧的一部分……源自这样的事实：人们不清楚自己的目的。承诺造一座塔，却在地基上花很少的努力……最后仅一间小屋而已。

——约翰·沃尔夫冈·冯·歌德 (1749—1832)

不要急于谴责，因为别人不会像你那样做或那样想，不会像你做的那样快或想的那样快。总有你不知道自己知道的时候。

——马尔科姆·X (1925—1965)

团结是伟大的，但尊重差异的权利可能更伟大。

——匿名

10 工作坊：商业作为积极的变革推动者：留下一份遗产

时间与流程：3 小时 45 分钟	收益与产出
焦点 1：60 分钟 ■ 每人用 30 分钟做访谈 焦点 2：60 分钟 ■ 小组用 40 分钟分享故事和汇报一个典型故事 ■ 用 20 分钟来在回答问题 4 后引导正向核心 焦点 3：60 分钟 ■ 用 30 分钟来创建梦想 ■ 用 15 分钟来展示梦想 ■ 用 15 分钟来答疑和引导汇报 焦点 4：30 分钟 ■ 用 15 分钟做个人反思 ■ 用 15 分钟引导汇报 缓冲时间为 15 分钟，用来做简短休息或作为活动与汇报的意外超时	这个工作坊可以帮助很多人实现很多目的，比如，高级主管或领导者们希望或要改变方向（为组织或为自己，可能是澄清一份遗产）；团队创建企业社会责任策略；团队重新聚焦使命和愿景。在这个工作坊中，焦点是要澄清对个人和集体最重要的是什么，以及发现那些早已存在或有更多可能性的积极改变。

商业作为积极的变革推动者：
留下一份遗产工作表

导入语

时代呼唤能指引我们走向未来的新愿景，一个基于公平、正义、繁荣、同情和承认相互依存的愿景。企业所能发挥的作用是至关重要的。这个工作坊源自世界福利先锋企业（BAWB）的全球调查，最早由俄亥俄州克利夫兰市凯斯西储大学的魏瑟赫德管理学院牵头。世界福利先锋企业全球调查寻找那些通过愿景和策略积极定位的组织，以此作为世界上愿意表明企业底线和世界底线互不排斥的主要参与者。有趣的是，研究结果发现，优秀的企业领导者同样是优秀的社区领导者。当员工们知道自己的工作有意义时，他们在工作中会更加满意，他们的工作超越平凡并服务于更高的目标。将人们的崇高目标与日常生活结合起来，不仅能维持发展还可以持续发展并带来蓬勃发展的文化和环境。

焦点1——更大的使命感

两两访谈

1. 思考一下自己、你的工作和更大的使命感，你现在正在做的是什么？那些最吸引你做当前工作——让你觉得特别有意义、有价值、令人满意、充满挑战或让人兴奋的事情——是什么？

- 请讲述你职业生涯中有这种类似体验和感受的故事。

2. 生活的一项重要任务就是发现和定义我们生活的目的。回顾你生活中的重要时光，分享一个你明确了生活目的或由内心呼唤得以浮现的故事。

- 那时的情形是怎样的？
- 你是如何明确目的的？
- 它让你有怎样的感觉？
- 你是如何做出回应的？

焦点 2——分享故事

两人访谈小组形成四人或六人小组

3. 在你的小组里，让采访者向其他人介绍你并分享你是如何回答问题 1 和 2 的。

- 在你听过每个故事的亮点后,有什么使关于使命感的共性主题变得更加清晰?

4. 找出一个看上去能够代表共性主题的故事,然后把它们展示给其他小组。

- 不同组的共性主题是如何产生共鸣的?你们集体的优势、已有的资产和正向核心是什么?

焦点3——美好世界的愿景
小组

5. 让我们假想一下,今晚你睡了一个美觉,醒来时已是10年以后,这个世界变得如你最喜欢的那样美好。

- 这时正在发生什么?
- 有什么是新的和更好的?
- 你如何知道它是更好的?
- 更具体地说一说,企业是如何成为世界上积极变革的推动者的?描述一下10年来你看到的企业服务和它们让世界受益的方式?
- 它们的议程是什么样的?

- 它们带来了哪些创新和机会？
- 我们知道，已有企业通过注重人文精神、重视经济与生态绩效指标的实践成为积极的变革推动者。你还看到哪些正在生成的能增强我们现有能力并让我们迈向愿景的能力？
- 用最有创意和最鼓舞人心的方式准备一份关于美好世界愿景的展示，它可能是一段媒体汇报、一段表演、一幅拼图或图画、一首歌或一首诗。

焦点4——你的遗产

个人反思引导分享

6. 为了将我们世界的愿景变成现实，每个人都需要留意我们每天向前传递的遗产。展望未来，你下个阶段的工作可能是什么？你觉得自己能够留下的遗产是什么？

7. 你会介绍或支持的一个项目是什么？

8. 现在，你可以由此迈出的一小步是什么？

> 你能做的大好事是做对的事情，你能做的糟糕事就是不做事情。
> ——西奥多·罗斯福（1858—1919）

一个发展的新愿景正在浮现。发展正在成为以人为本的过程，其最终目标是改善人类生存的条件。

——佚名

每一个伟大的梦想都始于一个梦想家。永远记住，你有够到星星的优势、耐心和激情去改变世界。

——哈丽特·塔布曼（1820—1913）

第四部分　不同主题的 21 个工作坊

11 工作坊：培育多样性

时间与流程：3 小时	收益与产出
焦点 1：40 分钟 ■ 每人用 20 分钟做访谈 **焦点 2：50 分钟** ■ 用 30 分钟来分享小组成员的故事和汇报一个典型故事 ■ 用 5 分钟在回答完问题 2 后引导共性主题 ■ 用 15 分钟让团队来回答问题 3，包括引导汇报 **焦点 3：55 分钟** ■ 用 30 分钟来创建梦想 ■ 用 10 分钟来展示梦想 ■ 用 15 分钟来引导汇报，包括回答问题 7 和 8 **焦点 4：25 分钟** ■ 用 15 分钟做个人反思和团体分享 ■ 用 10 分钟来引导汇报，包括回答问题 11 **缓冲时间为 10 分钟，用来做简短休息或作为活动与汇报的意外超时**	参与这个工作坊的结果就是参与者可以知道很多有关多样性的正面例子，并且发展出一种包容的策略。他们会揭秘多样性的各种伪装：性别的、年龄的、身体的、价值观的、思想的、文化的等等。目的是要把多样性与包容的价值放大并将它带入我们日常生活的方方面面，由此得出培育和受益于多样性的方式。

培育多样性工作表

导入语

　　法语中有一句古语叫"不同万岁",而"差异长青"是英语中的类似说法。设想一种情况,如果这个世界上的每个人都相同,那这个世界将会变得多么令人生厌和可怕!怎样才能真正拥抱不同的多样性呢?在工作中,我们听到"多元是战略上必需的,它对企业有好处"。那意味着什么?要如何实现呢?当我们了解到所有不同的人与文化构成了整个世界:不同的语言、体型、身体能力、性别、年龄、教育水平、肤色、才干和能力——一个异常富足的多样性时,我们就超越了偏见与恐惧。有时候,多样性是非常微妙的,特别是当它不具备某种物理特性时,如思想、信仰、价值体系甚至是个人风格的多样性。当我们关注到多样性为我们带来价值而不是区分或分离我们时,就会更有帮助。不同有好处,就像相同有好处一样,两者都是我们需要的。

焦点1——定义多样性

两两访谈

1. 在你的日常生活中有哪些多样性:性别、文化、年龄等？请告诉我一个你被某种不期而遇的多样性深深影响的故事，那的确是一次积极的体验。在你的多样性故事中，巅峰时刻是什么？

- 当时是在怎样的场合下？
- 你在哪里？
- 还有谁？
- 多样化要素是如何以积极的方式为当时的情形或人们带来价值的？

焦点 2——多样性及其优势

2. 在你的小组里，每位采访者要介绍访谈伙伴的具有积极影响力的多样化故事。

- 在你恭恭敬敬地聆听时，关注故事中浮现出的共性主题。
- 选择一个你们认为能反映出全部或大部分共性主题的故事，把它分享给其他小组。
- 关于你听到的所有故事，培育多样化最好和最有益的结果是什么？它是如何积极地影响当时那个情形的？

3. 我们可以做什么来表明我的更加意识到多样性的积极力量?

焦点 3——庆祝我们的全球化

在小组里选择一个活动（4 或 5），用最有创意的方式和手头的资源来展示——想象力是你们最大的资源。

4. 设想你在与一家全球大米生产商的市场营销部谈合作。你们在规划明年的广告活动。你们要设计怎样的广告来与全球的顾客产生共鸣呢?

- 你要如何在对全世界多元客户的重视中融入你们的敏感要素呢?

5. 或者设想你与一个设计师团队合作，用一年时间来建造一座美术馆。一个允许所有人、所有艺术形式进入，环保而令人兴奋的艺术场所。

- 你要把什么整合到你的设计、政策和治理中，以确保所有领域被百分百地包容?

6. 向其他小组创造性地展示你们的项目。它可以是一幅画、一幅拼图、一段表演、一首歌或一首诗。要有创意、好玩。好好表演吧!

7. 刚才的表演对你有什么影响?

8. 什么样的元素(如价值、政策、策略、技术等)是所有表演中共有的?有哪些团队的表演内容是其他团队没有包含的?

焦点3——与此同时,回去后……

个人反思与小组分享

9. 你能做什么来更加有意识地培育多样性?

10. 你能为团队或组织提出什么建议来培育多样性?

11. 如果你是老板,你要做什么来培育多样性?

> 世界上永远没有相同的两个观点,犹如没有两根相同的头发或粮食一样;最普遍的特点就是多样性。
>
> ——米歇尔·蒙田(1533—1592)

> 为你听到的差异感到兴奋,期待惊喜。珍惜好奇心比确定性更重要……记住:别害怕那些你了解他们故事的人。真正的倾听总能让人们走得更近。
>
> ——惠特利·玛格丽特《相互转换》,2002)

> 在这个世界上,我们需要多样化的思想来面对新的挑战。
>
> ——伯纳斯·提姆李(1955—)

12 工作坊：蓬勃发展的社区

时间与流程：4 小时	收益与产出
焦点 1：40 分钟 ■ 每人用 20 分钟做访谈 **焦点 2：55 分钟** ■ 用 30 分钟来小组分享故事 ■ 用 15 分钟来回答完问题 3，包括引导汇报 ■ 用 10 分钟来回答问题 4，包括引导汇报 **焦点 3：45 分钟** ■ 用 30 分钟来创建梦想 ■ 用 10 分钟来展示梦想 ■ 用 5 分钟来引导汇报 **焦点 4：85 分钟** ■ 参与者依据自选设计元素形成工作组 ■ 用 30 分钟在自选小组中识别设计元素 ■ 用 15 分钟创建未来可能性的陈述 ■ 用 10 分钟引导汇报 ■ 用 15 分钟在小组里回答问题 10 ■ 用 5 分钟做个人反思 ■ 用 10 分钟引导汇报 缓冲时间为 15 分钟，用来做简短休息或作为活动与汇报的意外超时	这个工作坊的目的是邀请参与者带上促进团队或实践社区蓬勃发展的要素再次连接。近来可能有些"日渐衰败的迹象"在慢慢发生，过往充满能量与高效的最佳体验会提示参与者再次回到目标上。识别出什么是运作有效的。团队计划他们个人能够做什么。识别出一个他们愿意贡献和能帮团队回到目标上的项目。

蓬勃发展的社区工作表

导入语

我们生活与工作在一个快速发展、日趋复杂和相互依赖的全球化经济时代,和具有相同目标、渴望、价值观的人们更多的连接与交流就变得前所未有的频繁。社交空间、协作、实践社区、联盟正在出现而且更加跨地域、跨专业和跨产业地混合在一起。个人和团体因为很多原因参加社会和专业网络,例如友谊、连接、支持、学习、专业发展、分享知识、专业技能和贡献。我们都曾是不同社区和网络组织的成员,其中有一些我们还比较投入其中。现在让我们聚焦到你曾经是某个蓬勃发展的社区或组织的成员并完全投入其中的一段时光;你以自己想要的方式参与,分享自己的东西,为自己的贡献感到骄傲,你因别人感到充满能量,你获得对自己和社区都重要的结果。因此,可以说你为这个社区的蓬勃发展做出了贡献。

焦点1——蓬勃发展的社区／组织的最佳体验

两两访谈

1. 回忆你在或曾经在某个蓬勃发展的社区中的最佳体验。描述一下它,告诉我们你的故事。

- 那时正在发生什么?
- 还有谁参与其中?
- 你是怎么参与其中的?
- 它是以什么方式让你充满能量、投入和给你带来价值的?

2. 在你最佳体验的故事中,你最在乎的事情是什么?

- 关于你自己?
- 关于这个社区的目的、本质和它的内容?
- 它是怎样被组织起来的?

焦点2——蓬勃发展的社区故事分享

3. 在你的小组里,采访者介绍他们的访谈伙伴并分享伙伴的蓬勃发展的社区故事。

- 在你恭恭敬敬地聆听时,关注故事中浮现出的共性主题。
- 选择一个你们认为反映出全部或者大部分共性主题的故事,把它分享给其他小组。
- 在你听到的所有故事中,蓬勃发展的社区最好或最成功的特点（正向核心，那些让它闪闪发光、充满能量和令人满意的特点）是什么？

4. 你对自己的社区真正蓬勃发展的3个愿望是什么？

焦点3——未来的可能性：集体梦想
小组任务

5. 假设你美美地睡了一觉，醒来时已是一年之后，你又回到这个社区，它以最好的方式运转着。

- 让你全然投入其中的动力是什么？
- 什么促成了它的成功？
- 你正在如何整合你的优势（正向核心）与你的3个愿望？

6. 以尽量有创意的方式——描述、绘画或用情景剧表达一下蓬勃发展的社区的本质。

焦点4——共同设计你们的社区

7. 在思考和讨论蓬勃发展的社区的梦想时，要纳入哪些更富活力和充满能量的设计元素？例如：

- 谁是参与者或成员？
- 要有哪些活动？
- 你们使用什么样的技术？
- 你们宣称的目的是什么？
- 你们明确表达的价值主张是什么？

8. 选一项你比较了解或感兴趣的设计元素。找到现场对这个元素同样感兴趣的人并与其讨论，这个元素可以怎样帮助你们的社区蓬勃发展？在新的小组里，创建一个扣人心弦的，关于这个元素为社区增添生命、活力和能量的未来可能性的陈述。

9. 大声地读出来、表演出来或是表达一下这个扣人心弦的未来可能性的陈述。

10. 关于未来可能性的陈述，什么内容最让你感到兴奋？

- 它们可以怎样服务于你？你要怎样服务于它们？

11. 如果你们想要继续并保持项目成员的身份，请制定一个能拿给发起人批准的初始项目计划。

12. 你现在就能做的非常有影响力的一小步是什么？

我们的目的不是成为对方，而是认识彼此，学会看到其他的不同并保持尊重。

——赫尔曼·黑塞（1877—1962）

社会就像一艘船，每个人都要做好掌舵的准备。

——易卜生·亨利克（1828—1906）

无论你是谁，无论你怎么称呼它，氏族、关系网、部落还是家族，你都需要一个。

——简·霍华德（1923—）

13 工作坊：巅峰表现的心流状态

时间与流程：3 小时	收益与产出
焦点 1：40 分钟 ■ 每人用 20 分钟做访谈 **焦点 2：50 分钟** ■ 小组用 30 分钟来分享故事 ■ 用 20 分钟来回答问题 4，包括引导汇报 **焦点 3：50 分钟** ■ 用 15 分钟来创建梦想 ■ 用 25 分钟在两人或三人小组分享与获得支持和建议 ■ 用 10 分钟来引导汇报 **焦点 4：30 分钟** ■ 用 10 分钟做个人反思 ■ 用 10 在小组反思 ■ 用 10 分钟引导汇报 **缓冲时间为 10 分钟，用来做简短休息或作为活动与汇报的意外超时**	这个工作坊的目的是帮助参与者分享他们处于巅峰表现时的经历和描述处于心流时的状态。有意识地关注这些经历会提醒我们曾经全然地投入到我们所做的事情当中。了解哪些活动、技能、知识的应用以及关系能够带来巅峰体验是非常有价值的。因此，我们就能为以后工作或娱乐中的巅峰体验创造条件。

巅峰表现的心流状态工作表

导入语

我们都有过独自或在某个团体里全神贯注地投入到某项活动的经历，以至于我们忘了时间。我们被完全地吸引住并感受到深深参与其中的专注，我们的成果也是极其令人满意的。这种事可能开始有困难，但最后的结果却是让人充满能量的。有人说当处在心流状态时会有这样的感觉，比如交响乐团或流行乐队演奏乐曲时，他们是如此精彩以至于听众和音乐家们都已情不自禁。又如球队踢球时的每一个动作就像是提前设计好的，而观众恰巧在那里陪伴而已。规划委员会达成了共识，相互尊重地表达他人的需求，创建所有参与者都能公平参与的解决方案。这些团队表现得就像一个具有高度集体性和协调性的有机体。心流理论——巅峰体验心理学，由米哈伊·米哈里·契克森米哈赖提出。人们在游戏、下棋、打网球或打扑克时很容易进入心流状态或感受到这股能量，因为它们有目标和规则，参与者无须质疑哪些是应该做的。心流还发生在当人们把技能全部投入到克服能搞定的挑战时，因此，它就像学习新技能和增加挑战的助力器一样。

焦点1——你的巅峰心流体验

两两访谈

1. 回忆一段让你处在心流状态巅峰体验的时刻,你与所从事的活动融为一体,你因所做的事情充满能量、感到满意。请描述一下你的经历。

- 当时正在发生什么?
- 有谁参与其中?
- 你是如何参与的?
- 这次经历是如何让你充满能量、感到满意的?

2. 在你的故事中,你自己或你的哪些努力促使其成为如此富有能量的一次体验?

- 如果毫不谦虚地说,在那个故事中,你最看重自己的是什么?
- 如果有其他人参与其中,你最看重他们的是什么?
- 社区/组织又是如何帮助你充满能量的?

焦点2——巅峰表现的亮点

两人访谈小组形成四人或六人小组

3. 在你的小组里,采访者介绍被访谈的伙伴并分享他"巅峰表现"故事的亮点。

- 在你恭恭敬敬地聆听时，关注故事中浮现出的共性主题。
- 选择一个能反映出全部或者大部分共性主题的故事并分享给其他小组。

4. 在你听到的所有故事中，呈现出哪些促成"巅峰表现"的关键因素——那些看起来能够带来这种巅峰体验的要素。

- 是能力、意愿、挑战、支持、信仰或条件吗？尽可能清晰地说出这些有贡献的因素。

焦点3——未来场景：梦想

个人反思后两人或三人小组分享个人声明，听取反馈

5. 6个月后，你被邀请参加一个听起来会梦想成真的项目。你简直不敢相信这是真的，但事实上它却令你兴奋，你愿意成为其中的一员。

- 是正在发生的什么情况让你满怀热情地做得这么好，以至于当你处在心流状态时，完全没有意识到时间的流逝?

- 你在这个项目中整合了自己哪些才干和优势?

6. 创建一个能够反映出令人充满能量的个人的简短声明。

- 你正在做什么?
- 你的感觉如何?
- 是什么让你处在那种如此消耗时光的心流状态?

焦点4——现在设计未来

个人反思后小组汇报

7. 知道了在什么状况下会在你做得最好时带来心流状态,请问再做些什么努力会让你更加频繁地获得这种状态?你是需要更多还是更少的挑战、更多还是更少的学习机会、增加还是减少自律呢?

8. 如果请你许下3个能帮你获得这种巅峰体验的愿望,那会是什么?

9. 你现在正在参与或马上就能做的一项让你充满能量的活动是什么?

第四部分　不同主题的21个工作坊

……快乐、创造力,我把与生命完全连接的过程称为心流。

——米哈里·契克森米哈赖（1934—）

只有在欣赏个体、容忍错误、开放沟通、规则灵活（在有教养的家庭中可以找到）氛围下才会有价值感。

——维吉尼亚·萨提亚（1916—1988）

工作乐趣的秘诀就包含在卓越这个词中。想知道如何做好某件事情,那就去享受它。

——珀尔·布克（1955—）

14 工作坊：关爱我们的环境

时间与流程：2 小时 55 分钟	收益与产出
焦点 1：30 分钟 ■ 每人用 15 分钟做访谈 **焦点 2：50 分钟** ■ 小组用 30 分钟来分享故事，汇报最典型的故事 ■ 用 10 分钟来引导问题 3 的正向核心 ■ 小组用 10 分钟来回答问题 4 **焦点 3：50 分钟** ■ 用 30 分钟来创建梦想 ■ 用 10 分钟来展示梦想 ■ 用 10 分钟来引导汇报 **焦点 4：35 分钟** ■ 用 15 分钟做小组讨论 ■ 用 10 分钟做个人反思与规划 ■ 用 10 分钟引导汇报 **缓冲时间为 10 分钟，用来做简短休息或作为活动与汇报的意外超时**	这个工作坊的好处在于参与者分享他们关于关爱环境的观点。对话会聚焦在可持续的工作环境、社区、家庭及个人的系统性所带来的好处上。我们每个人都扮演着重要的角色。在这个工作坊中，参与者识别出工作场所中在关爱环境这个重要领域中运作良好的部分。他们分享关于如何实践环保意识、作为企业公民的知识以及还能为此多做些什么。本工作坊的目标是提高个人意识和形成个体或团体关于"关爱我们的环境"的行动计划。

关爱我们的环境工作表

导入语

我们已经觉醒了！现在是展现我们要重视地球与生存环境的时候了。最早的土著人（那些狩猎采摘的人，例如澳大利亚土著人、南非布西满族人、南美洲的玛雅人和北美洲土著人），他们几千年前的生存就有赖于和地球的关系。这一事实告诉我们，要关爱我们生存的地方和尊重地对待我们的地球。政府和跨国组织也开始觉醒了。我们有了关于减少有毒化学品、塑料、污水、致命辐射和其他污染物向空气、水和土壤排放的新规定；我们被敦促要节约能源，不用时就拔掉电器的电源；我们被要求去商场时带上可重复使用的购物袋，尽量重复使用可再生的物品。我们生活在一个令人兴奋的时代。我们有很多新信息和新资源，能够帮助我们创造性地保护地球。我们正投资于自然和可循环的能源。现在有很多为保护地球尽职尽责的企业和个人。

焦点1——"关爱地球"的故事

两两访谈

1. 当你思考全球变暖、可持续发展和地球未来的对话时，有什么样的故事深深地影响过你？可能是你听到的让你兴奋或担忧的一则新闻，也可能是你亲自参与的某件事情，它给了你更好地觉察我们这个时代最重要的机会。现在让我们重点谈一个影响过你并让你深刻觉醒的积极的故事。

- 那是怎样一个故事？
- 有谁参与其中？他们的角色是什么？他们都在做什么？
- 你自己是如何与这个故事联系在一起的？
- 你是否参加过或打算参加这类活动？

焦点2——集体觉醒的呼唤

两人访谈小组形成四人或六人小组

2.在你的小组里，采访者介绍被访谈的伙伴并分享他"觉醒"故事的亮点。

- 在你恭恭敬敬地聆听时，请关注故事中浮现出的共性主题。
- 选择一个你们认为反映出全部或者大部分关爱环境的共性主题的故事，把它分享给其他小组。

3. 所有适合维护地球的共性主题都是它未来的关键，并可以视为可持续发展的"正向核心"。你从这些故事和主题中有什么发现？

4. 如果请你许下3个让你的组织或社区对环境或更大的社区做出更坚定承诺的愿望，那会是什么？

焦点3——我们的渴望

小组

5. 你对当地环境（工作或家庭）最强烈的渴望是什么？你想看到更多的是什么？更少的是什么？例如：

- 如何处置垃圾？
- 如何节约水、电、气等能源？
- 现在都有什么样的交通工具？
- 都有什么样的包装？
- 你的零售商和供应商如何——他们对环境的保护意识又是怎样的？
- 关于这个主题，不同年代的人看法是怎样的？孩子们是如何影响家长的？大人们又是如何教育孩子的？

6. 你知道其他组织／社区／国家正在做什么来表明他们真的在关爱环境吗？

7. 向其他小组尽可能生动地展示你们的"渴望"。它可能是一幅画、一幅拼图、一段表演、一首歌或一首诗。有创意些，要信息丰富一些，享受你们的表演吧！

焦点4——创造不同

团队任务

8. 当前贡献：考虑到你的渴望和愿望，现在有什么机会能让你全身心地投入？你会立即做什么？

9. 未来项目：你可以创建或参加哪些新的机会？你需要哪些资源或伙伴？这个机会的时间表是怎样的？创建一份简单的项目计划。

10. 你的结果：你想达到怎样的结果会对你的组织、社区乃至整个世界产生最积极的影响？

对于每一项深思熟虑，我们都必须考虑决策对未来七代人的影响。
——摘自"易洛魁联盟的伟大定律"

可持续发展不是慈善事业。公司的慈善事业并没有什么错，但可持续的企业在经营业务时会使所有利益相关方，包括雇员、顾客、商业伙伴、

第四部分 不同主题的 21 个工作坊

所运作的社区、当然还有股东,都能自然而然地受益。

——安得烈·萨维茨,(《三重底线》作者,2006)

世界是如此庄严地组织在一起,以至于我们每个人都与其他事物和谐相处。

——约翰·沃尔夫冈·冯·歌德(1749—1832)

15 工作坊：全新水平的学习

时间与流程：2 小时 30 分钟	收益与产出
焦点 1：40 分钟 ■ 每人用 20 分钟做访谈 **焦点 2：45 分钟** ■ 小组用 30 分钟来分享故事和汇报典型故事 ■ 用 15 分钟来引导正向核心和回答问题 2 **焦点 3：60 分钟** ■ 用 20 分钟来反思和创建个人计划 ■ 用 30 分钟在小组内分享个人计划，接收反馈和优化个人计划 ■ 用 10 分钟来引导汇报 缓冲时间为 5 分钟，用来做简短休息或作为活动与汇报的意外超时	这个探询的目的是让参与者重视所有工作与业余生活中的各种学习，弄清什么样的环境、主题、精神和情绪状态会支持良好的学习体验。这些发现和见解的结果就是，参与者可以给自己定位，在将来以更自觉和更广泛的方式接受学习，并寻求机会强加自己的学习。这个工作坊可作为绩效评估前有用的前奏。

全新水平的学习工作表

导入语

无论你是学生、教师、志愿者、员工还是首席执行官，在学习新东西时都曾体验到兴奋和满意的感觉，你会觉得充满能量和满足感。通常，它会让你有强烈的施展欲望，因为你能看到正在做的事情的价值，并且愿意走得更远。你体验到全新水平的学习，这是令人兴奋和值得努力的。

焦点1——你的最佳学习体验
两两访谈

1.分享一个这样的故事：当你在某个项目或活动中习得某项新技能时，它令你非常投入和兴奋，同时又让你全神贯注。你被周遭的事物支持着并感受到活动的能量和兴奋的状态。学习既让你兴奋又充满挑战。请分享一个你经历过的故事。

- 那是个什么项目或活动？
- 你要学的是什么？
- 还涉及谁？他们的角色是什么？他们是如何贡献的？
- 对你而言，是什么促成这次良好的学习体验？有什么因素起了作用？

2.如果毫不谦虚的话，在全力以赴地学习时，你最看重自己的是什么？最重要的促进因素是什么？那些让你全然投入并助你心想事成的个人优势是什么?

3.这种经历是如何鼓励你追寻自己的兴趣,投入其他需要你学习更多的项目中的?

- 你继续做过哪些类似的学习?
- 那些学习带来怎样的结果?是赋予了你更多责任、更大的挑战和更强的兴奋感,还是有晋升的新机会?
- 你最享受的内在或外在的回馈是什么?

4.在这样高能量的学习体验中,你认为有谁或什么是值得被感恩的?比如,你是否在某种程度上被什么支持着?

焦点2——全新水平的学习故事分享
两人访谈小组形成四人或六人小组

5.在你的小组里,采访者介绍被访谈的伙伴并分享他"全新水平的学习"的故事亮点。

- 在你恭恭敬敬地聆听时,关注故事中浮现出的共性主题。
- 选择一个你们认为能够反映出所有或多数共性主题

的故事,并分享给其他小组。

6. 选择一个能代表焦点学习主题的故事。那些让它闪闪发光、充满能量和令人满意的因素,即能从一次学习体验迁移到下一次学习体验的"正向核心"是什么?

焦点3——持续在全新的水平上学习
个人反思后小组汇报

7. 你需要什么样的体验来持续全新水平的学习?

- 为让你学习,如何让这些体验在工作中发生?
- 你会如何为你自己创造这样的体验?
- 你需要谁参与其中?

8. 为了学习让你兴奋的新事物,你可以采取的第一个行动是什么?

> 尽你所能,用所有的方法,以所有的方式,在所有的地方和时间,为所有人做你能做的事情。
>
> ——约翰·卫斯理(1703—1791)

领导力与学习彼此不可或缺。

——约翰·费茨杰拉德·肯尼迪（1917—1963）

我宁愿让好奇打开头脑，也不让已有的信念封闭它。

——格里·斯彭斯（1929）

16 工作坊：诚信地工作

引导者注意：尽管这个工作坊聚焦在"诚信"上，但你可以选择任何一个组织中的价值观做这个工作坊。让参与者发现并学习不同团队的不同视角，收集每个价值观应用的正向故事。最终汇集出一个能用到企业网站或宣传材料中的精彩故事集。

时间与流程：4 小时 5 分钟	收益与产出
焦点 1：40 分钟 ■ 每人用 20 分钟做访谈 焦点 2：60 分钟 ■ 小组用 40 分钟来分享故事和汇报典型故事 ■ 用 20 分钟来回答问题 4 和引导汇报 焦点 3：65 分钟 ■ 用 30 分钟来创建梦想 ■ 用 10 分钟来展示梦想 ■ 用 25 分钟来创建声明，包括汇报和引导分享 焦点 4：40 分钟 ■ 用 20 分钟进行小组讨论 ■ 用 20 分钟来做问题 8 和 9 的引导汇报 焦点 5：30 分钟 ■ 用 10 分钟来做个人反思 ■ 用 10 分钟来做小组对话 ■ 用 10 分钟来做引导汇报 缓冲时间为 10 分钟，用来做简短休息或作为活动与汇报的意外超时	这个工作坊的目的是让参与者围绕组织的价值观进行重要和有意义的对话，产出就是他们清楚地知道这些价值观是如何被人们日复一日地实践出来的。他们会知道谁有或没有达到价值观的要求。"诚信"这个价值观将在这里被延展出来。这是一个非常重要的、被历史证明了的且很有挑战的价值观。如果总是冷嘲热讽和疑虑，那对话就会变成不理智的指责和羞辱模式，那样将无益于我们朝着想要的价值观迈进。

诚信地工作工作表

导入语

　　了解你在生活中所持有的价值观是帮助你坚持到底的指南。在你对那些非常重要的价值观进行反思之前，你很可能根据无意识的信念做出决定。价值观是人类情感、思想和行为的重要决定因素。此外，我们在面对不确定和未知时会默认我们的价值观。了解什么对自己和他人至关重要是开始彼此欣赏的第一步。我们如何看待和解释这个世界是基于历史—文化视角的，它形成了我们的信念和价值观。正如人们所言，"美存在于旁观者的眼中"。你所诠释的美可能与我的解释不同。我们俩都没有对或错，各有其合理性。如果我们探询对"美"的不同观点，那么就可能发现一个新视角，我们将共创一个有关"美"的延伸视角。同样的道理也适用于"尊重""团队合作""服务""同理""诚实"和"关爱"。这些都是组织中普遍存在的价值观，你会经常在企业的办公室看到。今天，我们将聚焦在"诚信"这个价值观上。

焦点1——诚信的故事

两两访谈

1. "诚信"在本质上是一种完整或未受损的复杂结构。当音乐或森林都以纯粹的形式出现时,我们就说它是完整的。人类的行为也有相似之处。当我们称一个人诚信时,我们视其为完整的、忠于自己的、始终如一的和无瑕的。在这种情况下,"诚信"是一种品格,是一种优势。从这个立场出发,请回忆一下当你意识到"诚信"存在于你的组织中的时候,它是如何展现出来的?影响是怎样的?请讲讲你所知道的故事。

- 当时的情形是怎样的?
- 有谁参与其中?
- 人们说了什么?做了什么?
- 人们有哪些明显的行为?
- 流露出哪些明显的情绪?
- 作为一名牵头人、参与者或观察者,你有怎样的感觉?

2. 当时有什么脱颖而出并对你产生了持久的影响,就你所知,对别人也产生了持久的影响?

焦点2——"诚信"故事的亮点

两人访谈小组形成四人或六人小组

3.在你的小组里,采访者介绍被访谈伙伴并分享听到故事的亮点。听故事时,请留意故事带给你的影响。

- 听别人复述你的故事时,你的感觉如何?
- 选择集体故事的亮点,向其他小组报告一个能反映出大部分亮点的故事。

4.现在请反思:在所有故事中有什么共性主题呈现出来?你们组织中非常有说服力的"诚信"的典范——组织的正向核心是什么?

- 它是如何在组织内部和外部被展现出来的?
- 在组织中,让你感到自豪的是什么?

焦点3——渴望与机会

继续上面的小组讨论

5.将已有的这些"诚信"的典范融入你的生活中,想象一下,当你很"诚信"地生活时,还会有怎样的可能性发生?什么样的信念会鼓舞着你,让你记住"诚信"

对自己、对组织、对客户、对家人和对所有其他利益相关方都很重要和有意义？想一想让"诚信"更强大的其他机会和可能性。想象两年后的今天：你休了一个长假，当你回到办公室，你发现诚信在你不在时得到了真正的维护。

- 你在两年后的公司里看到了什么？
- 公司的业务是怎样进行的？在提供什么样的服务？生产什么产品？是与谁以及如何进行的？
- 你的客户和供应商如何回应？
- 在你的组织中，最常见的能体现"诚信"这一优势的行为是什么？
- 人们是如何沟通的？你听到人们说话的语调是怎样的？你看到了怎样的表情？

6. 用一种创造性的方式向其他小组展示你们的渴望。可以是一首歌、一个短剧、一场媒体专访、一幅图画或一首诗，要做得有意思一些。

7. 创建一个振奋人心的声明，要源自你们的正向核心、整合展示中的共同点和凸显诚信的目的和重点。

焦点4——资源与结果

小组

8. 要做到你想象的未来,你需要什么资源?有相关的技术、沟通、训练或进一步的投资吗?领导者要如何支持你?你要如何支持领导者?请分享你的建议。

9. 一旦你清楚了它的内涵和需要做什么,你期待得到怎样的结果?

- 对于你个人的工作?
- 对于团队、组织和社区?
- 你如何知道你活出了自己的价值观?

焦点5——团体与个人反思

团体

10. 反思你在生活与工作中"诚信"的一致性。

- 你如何在工作之外保持"诚信"?分享一些个人的故事。
- 两者在哪里同步?在哪里不一致?
- 从今以后你能做什么来表明你对"诚信"生活的承诺?

第四部分　不同主题的 21 个工作坊

摆脱一切以自我为中心的动机,在言语和行为上要注意真实,没有任性和一意孤行,在所有事情上都要保持警惕。

——斯里兰卡·奥罗宾多（1872—1950）

美、真、友情、爱、创造,这些是生命的伟大价值。我们虽不能证明和解释它们,但它们是我们生活中最稳定的东西。

——杰西·赫尔曼·霍姆斯（1864—1942）

我们靠所得谋生,靠给予创造生活。

——温斯顿·丘吉尔（1874—1965）

个性可以创造机会,但唯有人格令其长久存在。

——埃尔默·G. 莱特曼（1897—1982）

17 工作坊：目标导向的销售

时间与流程：4 小时 15 分钟	收益与产出
焦点 1：40 分钟 ■ 每人用 20 分钟做访谈 **焦点 2：55 分钟** ■ 小组用 30 分钟分享故事 ■ 用 15 分钟在小组讨论后引导正向核心（问题 4） ■ 用 10 分钟让小组回答问题 5，包括引导汇报 **焦点 3：60 分钟** ■ 用 30 分钟创建梦想 ■ 用 10 分钟展示梦想 ■ 用 20 分钟回答问题 7，包括引导汇报 **焦点 4：55 分钟** ■ 用 45 分钟设计团体项目 ■ 用 10 分钟引导汇报 **焦点 5：30 分钟** ■ 用 10 分钟进行小组讨论 ■ 用 10 分钟引导汇报 ■ 用 5 分钟做个人反思 ■ 用 5 分钟引导汇报 缓冲时间为 15 分钟，用来做简短休息或作为活动与汇报的意外超时	这个工作坊的目的是确定销售人员的角色及庆祝他们做出的贡献。花点时间分享过去经历过的最棒的故事并把最好的带向未来，这是一项非常给力的活动。这次会议的产出是创建一份将个人成功和优势与组织优势结合起来，以实现未来持续成功愿景的计划。

目标导向的销售工作表

导入语

很好地了解自己的优势、技能、动机、价值、信念和所有激励你的积极因素，是迈向卓越绩效的关键。当你觉得乐观和精力充沛时，你与他人的关系就会变得更轻松、令人满意、更有回报和持久。同样，当你代表公司时也是这样。通过每一次的积极互动，强调产品和服务的优势，而不是逃避、道歉或者降级竞争，你就能获得有助于自己的诚信。对你所代表的产品、服务和组织非常了解和信任也是同等重要的。对公司文化强调伦理道德和支持你为客户做正确的事有信心，是你建立可信赖的长期关系的最佳途径。此外，当你知道同事和管理层都愿意互相帮助时，如通过分享知识、学习和鼓励等，就能有助于形成互惠互利的积极的职业道德。

焦点1——发现最好的故事

两两访谈

1.我们都曾有过这样的经历：成功的销售经验，不管是卖粉红色的唇膏、签订价值百万美元的服务合同，还是在当地艺术募捐晚宴上卖票。回想一下你在销售时感觉最好的时刻，一切似乎都完美地一致——时间、客户、你了解的知识和信息、提出的问题以及你的回应等。讲一下你的故事吧。

- 当时的情形是怎样的？
- 目标是什么？
- 涉及谁？
- 结果如何？
- 你感觉怎样？

2. 如果毫不谦虚地说，你会如何评价自己在这个工作过程中的作用？

- 你如何评价自己正在做的事情？
- 你如何评价自己和客户的组织？

焦点2——所有故事的亮点

两人访谈小组形成四人或六人小组

3. 在你的小组里，采访者介绍被访谈的伙伴并分享他"目标导向的销售"故事的亮点。

- 在你恭恭敬敬地聆听时，关注故事中浮现出的共性主题。

4. 选择一个能充分体现销售经验中的优势、最佳资产和成功的故事，分享给别的小组。

- 这些故事中的共同优势是什么？是什么因素让你们做得那么成功？这里的共同优势就是要寻找"正向核心"。

5. 为进一步提高你的销售业绩，你有什么愿望？

焦点3——梦想：什么是更有可能的？
小组讨论

6. 假设今晚回到家，你就美美地睡了一觉，醒来时已是一年后的今天。你又回来与同事们一起销售那些让你感到自豪的产品与服务。你与客户的关系非常牢固，并且你的业绩已经远超销售目标。

- 这会是什么样子？
- 你的客户是谁？他们是内部客户还是外部客户？

- 到底发生了什么?
- 你在销售什么产品或服务?
- 让这件事发生的原因是什么?
- 你要如何发挥好客户的优势?
- 有什么样的客户是你还没有觉察到但有可能成为潜在客户的?
- 是什么让你与众不同?凭什么让客户相信你?
- 目前客户对你和组织的看法是什么?
- 你的愿望是如何梦想成真的?
- 是什么让你这个梦想振奋人心?

7. 向其他小组创造性地展示你们的梦想。它可以是绘画、拼贴、表演、唱歌或写诗等。有些想象力,并且好好表现!

8. 用一两句振奋人心的话来概括这个梦想的本质。

焦点4——设计:共同设计新的现实

全体

9. 针对刚才创建的梦想,现在把它变成现实:把它转化成目标、策略、行动。考虑以下因素:

- 谁是你们的目标群体?

- 你们具体在销售什么服务或产品?
- 你们提供什么样的解决方案?
- 在什么时段,有多大规模?你们要设定的里程碑是什么?
- 客户能从你们的服务中得到的三个好处是什么?你们如何知道自己成功了?

10. 创建一个带有目标、行动计划、角色、分工、时间和衡量标准的项目计划。

焦点5——命运:保持成功

个人反思与分享

11. 用什么方法帮你跟踪取得的成就?要知道我们都有顺利和困难的时候,你将如何保持热情和兴奋的工作状态?

12. 你要承诺什么来更多地学习、提高自己的能力、适应变化和对情境的召唤做出即兴回应?

成功的人通常不会设定大幅度超过以往状态的目标,这样就能稳步提升自己的目标渴望。

——库尔特·勒温(1890—1947)

像人们应该成为的那样对待他们,帮人们成为他们能够成为的人。

——歌德(1749—1832)

销售取决于销售人员的态度,而非客户。

——威廉姆·克莱门特·斯通(1902—2002)

第四部分　不同主题的 21 个工作坊

18 工作坊：全球互通互联

时间与流程：4 小时 15 分钟	收益与产出
焦点 1：30 分钟 ■ 每人用 15 分钟做访谈 **焦点 2：30 分钟** ■ 小组用 20 分钟来分享故事 ■ 小组用 10 分钟来回答问题 3，包括引导汇报 **焦点 3：65 分钟** ■ 用 30 分钟用创建梦想 ■ 用 10 分钟来展示梦想 ■ 用 15 分钟来做未来可能性的声明 ■ 用 10 分钟来回答完问题 5 的汇报分享 **焦点 4：60 分钟** ■ 用 30 分钟在小组内讨论和创建 4 个清单 ■ 用 30 分钟来完成问题 8 后做引导汇报 **焦点 5：60 分钟** ■ 用 30 分钟在小组内讨论和创建问题 9～11 的计划 ■ 用 20 分钟汇报问题 12，做引导汇报 ■ 用 10 分钟引导结束问题 13 **缓冲时间为 10 分钟，用来做简短休息或作为活动与汇报的意外超时**	这个工作坊是让参与者珍视技术在全球互通互联中所发挥的作用，并展望未来能带来更多好处的可能性。此外，这也是一个信息技术和互联网专业人士与内外部客户协作的机会。从全系统和民主的视角引导所有需要希望被倾听的声音，参与者共同设计能为所有人服务并提供最好解决方案的平台和应用程序。最令人振奋和有影响力的结果是人们开始关注如何聪明地应用这些技术。

全球互通互联工作表

导入语

在这个全球互通互联的世界上，社交媒体工具和信息技术越来越成为组织、协会、社区和机构最佳绩效、实现宗旨与价值、执行策略、实现目标、卓越运营、吸引全球利益相关者、创造性、广泛创造价值的关键因素。网络工具和信息技术有助于简化操作、加速连接、提高集体知识共享和新知识创造的机会，促进共享所有权和问题的解决，从而为技术体验带来价值和意义。与网络供应商和信息技术伙伴合作，建构一个全球互联互通的动态平台是我们当今世界的运作方式。此外，只要网络对所有人开放，它就能为所有人提供服务而不受政治、经济、性别、种族或宗教的歧视，让人们分享故事、激情、梦想、知识、实践智慧、希望和抱负。与以往相比，网络发布的信息越来越广泛，受众越来越多。

焦点1——令人兴奋的网络连接的故事

两两访谈

1. 你或别人有哪些借助信息技术或网络应用给别人赋能的经历？可能发生在工作或学校里，或者是通过社区实践或在你所在的社交网络中。

- 情况是怎样的？又是如何开始的？
- 描述一下这个过程，以及在这个过程中有什么洞见浮现出来？
- 你做了什么？偶尔有什么感觉？
- 对你或你的团体来说，是什么让你们又经历了一次成功？

焦点2——故事的亮点
两人访谈小组形成四人或六人小组

2. 在你的小组里，采访者介绍被访谈的伙伴并分享他"全球互通互联"故事的亮点。

- 在你恭恭敬敬地聆听时，关注故事中浮现出的共性主题。
- 选择一个你们认为能够反映出所有或多数共性主题的故事分享给其他小组。

3. 在你听到的所有故事中，"全球互通互联"最好或最成功的范例是什么？对信息技术或网络在人与人、企业与企业、人与计算机的连接中,有什么因素让你感到兴奋?

焦点3——设想可能性

小组

4. 在如此快的时间里我们的网络就发展到始料未及的程度。对于年轻的一代来说,如果没有网络他们就无法知道这个世界是什么样子。如今很难想象如果企业、医院、学校和日常的通讯中没有网络将如何运行。在以往这些技术可以被借鉴和学习的基础之上,你认为在我们的工作场所——无论是企业、医院、学校、政府、当地社区还是家庭,还需要什么样的举措能更好地为我们服务?假设你今晚进入梦乡,当你醒来时已是五年之后。信息和网络技术已经融合并发生了非常令人意想不到的改变。未来五年,你会体验到一个怎样被技术优化的世界?

- 用文字、图片、媒体演示或表演来描述一下你梦想的新世界,包括你想看到的一切。
- 是什么让它成为一个更加美好的世界?
- 用创造性的方式将你想象的互通互联的新世界呈现给其他小组。

5. 抓住演讲的精髓，用一两句话来描述未来的可能性。

焦点 4——设计新的技术

小组

6. 无拘无束的想象和实在的经验将在这里汇合。请合作设计一个实现梦想陈述的路径图。

- 你们会保留什么，因为它现在运行良好且能继续支持你们的愿景？
- 你会放弃什么，因为它已过时而不再起作用？
- 你还要创建哪些你认为是必要的和可行的？
- 在过渡阶段你会保留什么？因为放弃这些可能为时过早，例如可能有预算的限制、技能的差距或其他需要在过渡期坚持下来的。
- 你最终会得到 4 个清单：保持、放弃、创建和转换。

7. 向其他小组汇报你们的 4 个清单。

8. 在组内整合一下 4 个清单的所有想法，最后得到一个清单。

焦点5——命运：持续的连接

个人、小组和反思

9. 选择一个你愿意去做的项目。

- 你想要贡献什么？
- 你的角色和职责是什么？时间安排与成功的措施是什么？你还需要什么资源？

10. 找到房间里另外一位对同一信息技术/网络项目感兴趣的人。在新的小组里创建一个你们为组织带来活力和赋予能量的有说服力的项目声明。

11. 如何保持兴趣和这股动力来确保你的梦想能够保持活力并持续获得能量？在迈向长期目标的路上，创造一些短期、快速的成功来保持兴趣的高涨。在你迈向长期发展的过程中，哪种可能会对你有所帮助？

- 如何匹配需求和供应？
- 如何贡献自己的学习成果和经验？
- 如何吸引新用户参与和分享？
- 如何教会那些有意愿和有兴趣的人？
- 下一步要做什么？

第四部分　不同主题的 21 个工作坊

12. 与其他小组分享你们高水准的项目计划,让大家都能感觉到你们的意愿和能力。

13. 今天的工作坊怎样促使你意识到什么是可能的?关于合作实现目标,你学到了什么?

我不惧怕使用电脑,但我担心如果没有电脑人们怎么办。

——艾萨克·阿西莫夫(1920—1992)

当我们寻求连接时,世界就恢复了完整。当我们发现彼此非常需要时,我们看似独立的生活将变得有意义。

——玛格丽特·惠特利

19 工作坊：几代人一起工作

时间与流程：3小时	收益与产出
焦点1：40分钟 ■ 每人用20分钟做访谈 **焦点2：40分钟** ■ 小组用20分钟来分享故事 ■ 用10分钟来引导问题4中的正向核心 ■ 用10分钟来引导讨论问题5 **焦点3：60分钟** ■ 用30分钟来创建梦想 ■ 用10分钟来展示梦想 ■ 用10分钟来回答问题10 ■ 用10分钟来引导汇报 **焦点4：30分钟** ■ 用20分钟来引导小组讨论问题11~14 ■ 用5分钟来做个人反思 ■ 用5分钟来引导汇报 **缓冲时间为10分钟，用来做简短休息或作为活动与汇报的意外超时**	这个工作坊中需要有不同时代的参会代表，或至少有些是"老人"和"新人"（这本身就是一个值得探讨的话题——什么代表"老"，什么又代表"新"）。目的是让隔代人通过对话相互听到、相互学习和关注到促成共同理解和良好关系的积极因素。目标是识别每代人最好的东西，以及决定如何在工作中利用它创造生成性的结果。

5. 抓住演讲的精髓，用一两句话来描述未来的可能性。

焦点4——设计新的技术
小组

6. 无拘无束的想象和实在的经验将在这里汇合。请合作设计一个实现梦想陈述的路径图。

- 你们会保留什么，因为它现在运行良好且能继续支持你们的愿景？
- 你会放弃什么，因为它已过时而不再起作用？
- 你还要创建哪些你认为是必要的和可行的？
- 在过渡阶段你会保留什么？因为放弃这些可能为时过早，例如可能有预算的限制、技能的差距或其他需要在过渡期坚持下来的。
- 你最终会得到4个清单：保持、放弃、创建和转换。

7. 向其他小组汇报你们的4个清单。

8. 在组内整合一下4个清单的所有想法，最后得到一个清单。

焦点5——命运：持续的连接
个人、小组和反思

9. 选择一个你愿意去做的项目。

- 你想要贡献什么？
- 你的角色和职责是什么？时间安排与成功的措施是什么？你还需要什么资源？

10. 找到房间里另外一位对同一信息技术/网络项目感兴趣的人。在新的小组里创建一个你们为组织带来活力和赋予能量的有说服力的项目声明。

11. 如何保持兴趣和这股动力来确保你的梦想能够保持活力并持续获得能量？在迈向长期目标的路上，创造一些短期、快速的成功来保持兴趣的高涨。在你迈向长期发展的过程中，哪种可能会对你有所帮助？

- 如何匹配需求和供应？
- 如何贡献自己的学习成果和经验？
- 如何吸引新用户参与和分享？
- 如何教会那些有意愿和有兴趣的人？
- 下一步要做什么？

12. 与其他小组分享你们高水准的项目计划，让大家都能感觉到你们的意愿和能力。

13. 今天的工作坊怎样促使你意识到什么是可能的？关于合作实现目标，你学到了什么？

> 我不惧怕使用电脑，但我担心如果没有电脑人们怎么办。
> ——艾萨克·阿西莫夫（1920—1992）

> 当我们寻求连接时，世界就恢复了完整。当我们发现彼此非常需要时，我们看似独立的生活将变得有意义。
> ——玛格丽特·惠特利

19 工作坊：几代人一起工作

时间与流程：3小时	收益与产出
焦点1：40分钟 ■ 每人用20分钟做访谈 **焦点2：40分钟** ■ 小组用20分钟来分享故事 ■ 用10分钟来引导问题1中的正向核心 ■ 用10分钟来引导讨论问题5 **焦点3：60分钟** ■ 用30分钟来创建梦想 ■ 用10分钟来展示梦想 ■ 用10分钟来回答问题10 ■ 用10分钟来引导汇报 **焦点4：30分钟** ■ 用20分钟来引导小组讨论问题11～14 ■ 用5分钟来做个人反思 ■ 用5分钟来引导汇报 **缓冲时间为10分钟，用来做简短休息或作为活动与汇报的意外超时**	这个工作坊中需要有不同时代的参会代表，或至少有些是"老人"和"新人"（这本身就是一个值得探讨的话题——什么代表"老"，什么又代表"新"）。目的是让隔代人通过对话相互听到、相互学习和关注到促成共同理解和良好关系的积极因素。目标是识别每代人最好的东西，以及决定如何在工作中利用它创造生成性的结果。

几代人一起工作工作表

导入语

我们对不同年龄段的人的典型印象是什么？如果请你说一说，你会如何完成下面的句子？老人……年轻人……如果说不好，那也不是什么坏事，因为我们都是独一无二的。看起来，这个世界正朝着更多的宽容迈进——文化、年龄、工作方式等。时尚和音乐似乎总能引领潮流。世界各地的电影和Youtube视频全天候地播放，所以我们很容易接触到并且接受不同类型的事物。我们看到聪明的年轻人用游戏、技术、音乐和运动做着令人惊奇的事情。感兴趣的老人们也都精力充沛，对所有事情都感到好奇，分享着他们早年的故事和见解。当我们停下来思考这个问题时，就会发现不同年代的人都有很多值得钦佩的东西。想象一下，如果我们无时无刻都拥有这种开放视角的力量——理解和欣赏会使对话变得简单和富有生成性。当我们放下评判时，就能够得到更多，因为我们专注于运作有效的部分，而不是基于假设或偏见将精力投入到对人们的刻板印象中。

焦点1——发现最好的故事
两两访谈

1. 分享你与不同年代人的一次积极经历,这种情况可能发生在工作中、家里、大街上或任何地方。这次经历,以一种与你不同、对你有帮助和让你感觉良好的新方式,改变了你对这代人的看法。描述一下发生了什么,讲述一下你的故事。

- 有谁参与其中?
- 你当时在做什么?
- 你们聊了些什么?或你观察到了什么?

2. 如果毫不谦虚的话,你有哪些特别的地方让这次互动成为一次积极的体验?你做了什么、想了什么或感觉到了什么?这次经历让你引以为豪的是什么?

3. 别人如何做的?你如何评价他们的贡献?这一代人有什么有趣、不同或独特之处?是什么改变了你看待他们的视角?

焦点2——故事的亮点
两人访谈小组形成四人或六人小组

4. 在小组里,采访者介绍被访谈伙伴并分享他"几代人一起工作"故事的亮点。

- 在你恭恭敬敬地聆听时,关注故事中浮现出的共性主题。
- 选择一个你们认为能够反映出全部或大部分共性主题的故事并分享给其他小组。
- 在你们听到的这些故事中,不同年代人的经历中最好或最成功的经历("正向核心"——那些让代际关系充满活力、令人满意和有益的因素)是什么?

5. 在你听到的不同年代的集体故事中,有哪些共性主题?要具备怎样的条件才能带来好的结果?

焦点3——让它变得可能

小组

6. 建立在促进代际良好沟通的主题上,设想你有一根魔法棒,它能满足你三个愿望。这些愿望会为你和同代人带来什么?

7. 你要为其他年代的人许下的三个愿望是什么?

8. 你对所在社区或组织有怎样的三个愿望?

9. 创造一个你们想象的能够实现的未来场景。可以画画、唱歌、跳舞、写诗或写散文。整合集体的想法，展示你们要怎样整合不同年代人的特点。准备好把你们的场景展示给其他小组。

10. 充分利用你们的创意作品，将其意义和精髓概括为一两句话，以表达你们对所有年代人的钦佩。

焦点4——保持下去

小组和个人反思

11. 关于"尊重所有时代"，你今天有什么启发？

12. 关于工作和交往的方式，你会继续做什么，是因为它适用于每个人和你的组织吗？

13. 当你持续关注并尊重除你们之外的年代的人时，你需要注意什么？当你注意到别人可能不如你那么具有洞察力或有意识时，你需要注意什么？

14. 你会展现哪些有助于给你带来积极影响的新态度或新行为？

15. 说出一个你要承诺采取的行动，并持续关注它对你和其他人的帮助。

> 我们并非随着年龄的增长而改变，只是更了解自己而已。
> ——林恩·霍尔（1937—）

第四部分　不同主题的 21 个工作坊

> 我们这代人最伟大的发现是，一个人可以通过改变心态来改变生活。
>
> ——威廉·詹姆斯（1842—1910）
>
> 我真的相信，如果我们把心与脑的力量聚在一起，我们就能改变偏见，让我们这代人的孩子像彩虹一样成长。我们已经不是一个大熔炉，而是一个美丽的万花筒。不同的人拥有不同的信仰、不同的渴望、不同的希望和不同的梦想。
>
> ——吉姆·卡特（1924—）

20 工作坊：应对一切

时间与流程：3 小时 15 分钟	收益与产出
焦点 1：40 分钟 ■ 每人用 20 分钟做访谈 **焦点 2：50 分钟** ■ 小组用 30 分钟来分享故事 ■ 用 10 分钟来引导正向核心 ■ 用 10 分钟来回答问题 5～6 以及引导汇报 **焦点 3：45 分钟** ■ 用 20 分钟来创建梦想 ■ 用 15 分钟来展示梦想 ■ 用 10 分钟来引导汇报 **焦点 4：45 分钟** ■ 用 30 分钟让两人或三人小组发展策略 ■ 用 15 分钟来引导汇报问题 11 和 12 **缓冲时间：15 分钟**，用来做简短休息或作为活动及超时汇报的额外时间	这个工作坊适合任何想重新考虑自己与时间、任务及他人关系的人。参与者将回顾过去一段他们感到"掌管"或"掌控"的时间。他们要考虑带来这种感觉的因素，并区分与时间有关的内部因素和外部因素。一旦人们明确了什么做得最好，他们就能想象过上平衡的生活，并制定实现的策略。

应对一切工作表

导入语

> 昨天是过去,明天是未来,但今天是礼物。这就是为什么它被称为现在。
>
> ——比尔·基恩

工作与生活平衡已经成为很多人的愿望,特别是有家庭责任又要全职工作时。即使没有家庭负担,为我们的所有职责或责任分配适当的时间也是有挑战的,似乎给自己或娱乐只留下了有限的空间。想象一下,你能完成所有任务和责任,达到标准和让自己满意,并且你还有时间和精力享受"自我时光"。对于理智健全和身心健康的人,有自己的爱好、能学习新事物或仅仅是"待着"享受时光都是非常重要的。科学证明,当人们处于积极的情绪状态(而不是焦虑、恐惧或压力)时,他们更容易充满希望和保持乐观,更能与他人良好地交往,更能合理地做出决策,表现出兴趣、感恩、欣赏和振奋的乐观情绪(弗雷德里克森和布兰尼根,2005年)。把每一天作为礼物来欣赏是一个很有价值的目标,但仅仅实现这个目标也是空洞的。我们可以有最好的愿景并做好规划。

但我们的计划经常会受到外部因素的影响，我们必须做出回应，那么我们如何做出回应就成为我们与时间的关系和我们应对一切的能力的体现。

焦点1——平衡的条件

1.尽管我们争取平衡的时间比真正享受平衡的时间要多，但我们总有在某种情况下真正感受到平静与平和的时候。这可能是自然发生的或由你主导实现的，哪种情况都无所谓。在这种情况下，有些事情让你感受到平衡。想一想所有能促成安静、平和而不是恐慌或压力状态的因素。那种经历是什么样子的？讲讲你的故事。

2.是什么促成了你安静与平和的感觉？

- 你的能力？
- 你的知识水平？
- 当时能获得的资源？
- 你自己的态度？
- 信念？
- 渴望？
- 来自他人的鼓励？
- 你感觉到了什么？

- 你想到了什么？
- 有什么帮助了你？

3. 支持平衡状态的最重要的条件是什么？

- 有人提供了帮助还是安排了谁来帮助？
- 你的精神状态？
- 你自己或别人的优先事项是什么？

焦点 2——尊重所有的故事
2 人访谈小组形成 4 或 6 人小组

4. 在你的小组里，采访者介绍被访谈伙伴并分享他"平衡感"故事的亮点。

- 在你恭恭敬敬地聆听时，关注故事中浮现出的共性主题。
- 选择一个你们认为能够反映出所有或多数共性主题的故事并分享给其他小组。

5. 在你听到的所有故事中，促成"平衡感"的最佳或最成功的因素是什么——它的"正向核心"是什么，那些让你和周围的人保持平静、高效、善良、关怀与积极的因素是什么？

6. 在所有的故事中，你可以增加什么新的想法或策略来丰富自己的"工具箱"？

焦点3——想象平衡的生活

全体对话、个人反思与创意表演

7. 改变从我们的想象开始。如果你能首先想象出自己的平衡生活是什么样子的，你就会清楚有什么内在和外在资源可以帮你实现想创造的东西。用诗、歌曲或角色扮演来描述你想象中的平衡生活。要有些创意，要做得好玩些，因为你创造了应对一切的能力。在想象自己的工作与生活平衡并与团队分享时，一定要展现出你内心的感受。

焦点4——设计你的平衡生活

个人反思与全体分享

8. 你怎样做才能把渴望的梦想变成现实？你要继续做哪些已经做得很好或对你有效的事情？

9. 你需要采取哪些新的行为或态度，因为你确信它们能为你服务？

10. 你会要求别人怎样帮助你——你的同事、老板、家人或朋友,除此以外,还有谁或什么人会对你有帮助?

11. 你从这个工作坊中收获了什么?"应对一切"对你来说意味着什么?

12. 你可以做的很有影响力的一个小改变是什么?

21 工作坊：基于优势打造能力

时间与流程：3 小时 20 分钟	收益与产出
焦点 1：40 分钟 ■ 每人用 20 分钟做访谈 **焦点 2：60 分钟** ■ 小组用 30 分钟来分享故事 ■ 用 30 分钟来引导问题 4～6 **焦点 3：50 分钟** ■ 用 30 分钟来创建梦想 ■ 用 10 分钟来展示梦想 ■ 用 10 分钟来引导汇报 **焦点 4：45 分钟** ■ 小组用 15 分钟来讨论问题 8～9 ■ 用 15 分钟来引导汇报 ■ 用 5 分钟来做个人对问题 10 的反思 ■ 用 10 分钟来引导汇报 缓冲时间为 5 分钟，用来做简短休息或作为活动与汇报的意外超时	本次工作坊的目的是说明发挥优势会如何提高满意度、生产力并打造组织能力。参与者会证明：及时获得对良好表现的认可会对未来的表现产生积极影响。他们将创建一个基于优势的组织是如何运作的，以及他们自己为实现这个目标要做出什么贡献的未来场景。

基于优势打造能力工作表

导入语

"人们支持他们自己创造的东西"这句话同样适用于

衡量结果、评估组织环境中的绩效和其他人努力的方面。当你做了某件有价值的事得到认可,当你取得了成绩被表扬,当人们为你做出贡献或业绩而鼓掌时,你知道那种感觉多好。当出现这些情况时,你就会更努力地做更多这样的事情,甚至可让你停下正在做的事情都很难,因为当我们充满能量并投入这些活动时,我们会高效地把事情做好。如果我们精力充沛而不是颓废时,那我们很可能正在发挥才干和潜能,并且这项活动本身吸引着我们——让我们专注于此。此外,拥有合适的工具、资源、流程、系统、结构和支持者对我们获得最佳表现同样重要。如果你能意识到自己每天发挥才干的频率,你就能欣赏到那些促成你良好表现的因素——你的高生产力和投入。此外,你还会看到自己的优势如何与组织的价值、愿景、使命和目标统一起来。

焦点1——认可

两两访谈

1.回想你自己或在团队里实现某个目标或完成某个项目后被认可从而鼓舞着你想下次做得更好的一次经历。告诉我你的故事,描述一下当时的情形。

- 你正在做什么？
- 那是关于什么内容的故事？有谁参与其中？
- 让你保持前进的动力是什么？
- 你有怎样的想法和感受？

2. 你为这种情况带来哪些优势——才干或能力？

- 具体认可了什么？如何被认可的？
- 如果这是一次团队努力的结果，你看到别人有怎样的优势？
- 你如何看待别人的优势？
- 你如何看待组织？

焦点2——是什么动力支持你努力工作？
两人访谈小组形成四人或六人小组

3. 在你的小组里，采访者介绍他们被访谈的伙伴并分享他"被认可"故事的亮点。

- 在你恭恭敬敬地聆听时，关注故事中浮现出的共性主题和优势。
- 选择一个你们认为能够代表全部或多数共性主题或

优势的故事，跟其他小组分享这个故事。

4. 在你听到的所有故事中，这个团体的优势是什么，无论是个人的还是组织的，那些让组织脱颖而出、充满活力和成为令人满意的工作场所的正向核心是什么？

5. 就你个人而言，你每周发挥优势工作的时间有多长？

6. 有哪三件事可以帮助你更好地发挥优势？

焦点3——设想发挥优势以实现卓越的组织
全体

7. 设想你休了10个月的假，回来工作时发现，你不在的时候组织成员请求建立以优势为基础的文化，所以计划了一场欣赏式探询峰会。幸运的是，你回来时正好参加这个峰会。你和同事们积极投入到准备这场高度合作和富有活力的工作中。在你的小组里，整合集体的智慧，设计你们希望看到的当组织成为基于优势的组织时的运作情况。用尽可能有创意的方式展现你们新的工作场所，可以是一次表演、一首歌、一段诗、一张图片或一个隐喻，无论如何，最好地表达出你们的梦想！

- 展示你们要如何确保所有成员都在发挥优势，为自己、团队和组织带来最好的结果。
- 请包含新的人力资源政策、技术、办公室布局、运营、衡量绩效的方式等任何你认为重要的方面，它们有助于促成这种积极的转变。记得要表达出发挥优势时的感受和好处。

焦点4——什么是可以做到的？

全体对话与个人反思

8. 关于优势，今天你学到了什么？

9. 关于发挥优势，你会对老板/团队成员说什么？共同起草一份通过发挥个人优势打造组织能力的价值以及它如何帮助你达成个人与组织目标的声明。

10. 参加今天的工作坊会激励你做一件什么样的事情？

卓有成效的管理建立在自己、上级、下属、同事和情境的优势之上。

——彼得·德鲁克（1909—2005）

我经常向外寻找优势和自信，然而它总是源于内在。它一直就在那里。

——安娜·弗洛伊德（1895—1982）

第五部分
设计你自己的优势工作坊

第五部分　设计你自己的优势工作坊

第五部分将为你（作为一名引导者）提供指导和支持，帮助你更深入地了解欣赏式探询的过程、原则和实践，以继续在设计和实施自己的工作坊上进行实践和成长。最重要的是，当你继续使用这种方法时，你就在为自己和你的学员执行 4D 循环的第四个"D"——命运：如何把握自己的命运，同时维持从第三、四部分欣赏式工作坊中获得的能量与兴奋。

参考本部分内容，你会因创造性地帮助个人发展和增强组织的能力而在工作中建立一致性和连续性。这是一个建构原型的机会——你可以试着把从书中，特别是第二部分读到的以及从第三、四部分工作坊中获得的见解整合起来设计工作坊。

本节结束时，你能回顾设计自己的优势工作坊与培训的要点，包括创建具有战略意义的肯定式主题，起草能帮助参与者提高自我能力、把自己的优势与组织优势保持一致的访谈提纲。此外，你还能了解到有关优势工作坊的进一步应用。

工作坊设计回顾

定义肯定式主题

请记住，肯定式主题是任何欣赏式探询的切入点。它关注的是变革的议程。如果知识和组织的命运与我们想象的一样错综复杂，那么变革的种子很可能就隐含在我们提出的第一个问题中。

培训与组织发展的传统方法从问题分析开始。欣赏式探询则认为系统中已有很多运作良好的部分，因此，重点在于如何设想出进一步强化系统的可能性。你要如何定义探询的主题是关键。

由于所选主题是组织成员探询的焦点，因此，你要围绕有战略意义或对团体重要的问题和目标来设计。探询主题指明了组织想要前进的方向——组织认为它可能成为的强大实体。我们总是朝着最经常和系统化提问的方向前进。所以，最好是问我们能做什么而不是不能做什么。如前所述，"肯定式主题"指明了我们想要什么。

以下是关于如何为你组织内的欣赏式探询创建肯定式主题的指南。例如，你要邀请两组参与者来探讨以下主题：

■ 分析低落的士气或者探询员工投入度。

你会发现截然不同的故事。人们用的语言、语调和能量不同，结果也不同。一个话题可以让人们的情绪螺旋式下降，还可能因为关注负面原因、防御性行为甚至为分摊指责而让参与者失去活力。另一个话题则会让大家的情绪螺旋式上升，邀请人们发现自己经历或观察到的最充分参与的时光，会让他们感到更积极、更有力量、更能获得与他人的连接感。此外，这个欣赏式建构的主题聚焦在人们想要产生的对话上，而参与的行为会给人们带来正在寻求的解决方案。换句话说，人们在说话的同时便共同建构了解决方案。要找到问题的解决方案，你无须先解决问题。解决之道在于用新的眼光来看待问题。引用马塞尔·普鲁斯特的话说："真正的发现之旅不在于寻找新的风景，而在于拥有新的视角。"

创建肯定式主题

在某种程度上，选择探询主题是一次重构练习。如果你回顾这 21 个工作坊的主题，会发现每个主题都有其积极的一面。我们可以选择把重点放在缺陷、不足和失败上，并围绕问题采取解决问题的模式；或者我们可以用另外一种方式来探索同样的问题，即想象当这些问题暂时被搁置起来并且参与者可以共同创造出最佳结果时，它会是什么样。肯定式主题是超越把杯子看成半满的，它定义了探询的范围，决定了后续的内容和基调。好的主题应该是：

- 以肯定方式陈述的
- 引人注目、有鼓动性和简短的
- 代表希望——你想要实现的
- 激励、鼓舞人心和在可能范围内的
- 对组织及其成员具有战略意义和价值的

在定义自己的主题时，你和其他成员可能已经知道要探询哪些问题，特别是当它们来自早期的工作坊时。如果不是这样，下面的访谈提纲能帮你清楚地了解与需求相关的探询主题。

利用下面四个基本问题，组织成员互访工作中的高峰体验。

来自组织成员谈论与扩展的能量——他们的高峰体验揭示出他们处在最佳运营状态时被赋予的力量,并帮助成员定义出正向主题。这种状态是组织成员被扩展出的能量。通过这样的访谈,你能找到运作良好的部分以及需要进一步扩大的内容。

- 在你的组织/部门中,让你感到最有活力、最成功、最有效的一次高峰体验是什么?
- 如果毫不谦虚的话,你对自己、工作和组织最珍视的是什么?
- 让这个组织处于最佳状态、让人们觉得它是值得待下去的最佳场所的关键因素是什么?如果没有这些因素,这个组织将不复存在。
- 想象未来三年后,公司成为你所希望的那样。公司发生了什么变化让它充满活力和成功?有什么发生了改变?有什么保持不变?你对这个未来做过哪些贡献?

访谈提纲

你从第四部分的 21 个工作坊可以看到,欣赏式探询中有一种访谈的模板或格式,即访谈提纲。访谈提纲包括两部分:

- 导入语
- 访谈问题

第五部分 设计你自己的优势工作坊

导入语

导入语设定了背景和基调,有助于访谈者关注有关探询主题中的能给生命带来滋养的个人经历与故事。导入语可以帮助人们轻松地进入主题,同时,引导语要有吸引力并能鼓舞人心,这样就能帮人们回忆起过去的高峰体验,同时又能让人们在比以往更深的层次和更高的层面上思考未来的可能性。导入语建构了一个在事情进展良好的情况下会出现怎样不同的画面。导入语就像桥梁一样,成功地描述了主题及其要呈现的个人或组织活力之间的关系。好的导入语将整个人从理性和感性上与问题连接在一起,这样人们就能完整地做出回应。

本书有 21 组导入语和访谈问题的例子。以下是两个更短、更简单的例子。

肯定式主题:深深的信任

导入语: 当你来到某个地方时,你可以感觉到、听到或看到开放的相互信任的环境。人们和睦、感兴趣、忙碌、乐观、微笑和彼此开放。他们会告诉你他们的话有人倾听;他们的想法说出来是算数的;他们有做好工作的策略、过程和系统的规则;他们提出方案并得到及时的反馈;他们相互鼓励要有创意和与众不同;他们始终都能表现自己的领导力,他们可以互相依赖。

- 回忆你曾经历过的与他人有着深刻互信的一段时光。请分享你的故事。
- 那样的信任是如何影响到你的行为、思想和感觉的？

肯定式主题：基于优势的组织设计

导入语：最好的组织设计能确保它们在经济、社会、技术和环境方面都是健康的。人们知道谁是谁、什么是什么以及他们去向哪里和为什么。他们很清楚组织及其成员的优势，并通过政策、过程、奖励制度、创造参与和有意义的文化将两者统一起来。最奇妙的是，他们将人类精神与组织元素和技术系统连接在一起。

- 回忆你在工作中非常投入以至于都没意识到时间在流逝的一次经历；你投入的活动非常有意义，你禁不住要尽最大努力去做好。回想一下那个故事，有哪些已有的组织设计元素帮助你发挥了优势并优化了你和组织的绩效？
- 你要向组织介绍哪些额外元素来建立和强化它的能力，并且你愿意为此全力支持和引以为豪？

访谈问题

以下总结了欣赏式探询关于提问的观点：

- 欣赏式探询强调提出正向问题的艺术。
- 我们生活在一个由我们的提问所创造的世界。

第五部分　设计你自己的优势工作坊

- 我们的提问决定了我们获得的结果。
- 我们的提问越积极，就越能创造可能性。
- 我们的提问创造了运动和改变。

如果改变始于我们提出的第一个问题，那提问就是至关重要的，因为它们指出了所以探询的方向与后续讲述的故事。最终，它们将决定组织的变革方向。欣赏式探询是通过无条件地提出正向问题来增强系统能力以预见和提高积极潜能的艺术。

肯定式访谈问题的设计是为了让受访者与他们最好的过往经历、成功、优势、赋能感、积极特征和优点再次连接。当提醒人们过去和现在最好的时候是怎样的时，他们就更清楚自己能把最好的带入未来。从欣赏式探询的理论与原则、积极心理学及其他基于优势的研究中可知，在回忆过去的最佳体验时会激发积极的能量和热情，点燃引发积极行动的想象力（库珀里德，1990年）。

欣赏式探询的问题是很私人化的，所以你可能要提醒人们，他们有权掌控自己要分享的内容。在与参与者创建学习环境时，如果你提醒人们学习环境需要被尊重以作为对个人安全的保护，这种提醒是有益的，有利于他们放松地表达自己的想法和分享故事。过程的"真实性"及其内在价值是学习者共同创造他们能想象的、最渴望的未来愿景的基础。他们的想法被重视，他们不仅仅在教室或工作坊里成为参与者，还在未来设计自己工作时成为参与者——他们成为自己命运的共同设计者，这是一种有了领导者的支持就能让人们承诺的任何项目都能蓬勃发展的授权方式。

欣赏式探询访谈提纲的最明显特点是其生成性：创造和放大我们所发现的关于自己、彼此和组织的最好品质。我们通过有意识地在肯定式主题和访谈提纲中选择令人兴奋和正向重构的语言来实现这一点，这两者有助于参与者在与他人对话时分享故事。生成性对话的产出包括：通过发现来提升和扩展关系；邀请人们想象还有什么是可能的；用新的、相关的和参与的动态原则对有意义的现实进行有意识的共建。人们从彼此身上学到的将成为他们开始运作并继续计划、学习和适应的蓝图。杰维斯·布希在欣赏式探询的语境中对"生成性"这一概念做了解释："欣赏式探询在很多方面具有生成性。对释放我们集体渴望的新思想、形象、理论和模式的探索改变了现实的社会建构，并且在这个过程中，让我们以前无法得到或不会发生的决定和行动变得可能。当成功的时候，欣赏式探询可以把自发且无须监督的个人、团体和组织的行动带向更美好的未来。"（2007年，第1页）

参与者和领导者

选择邀请谁参加工作坊取决于会议的背景和目标。在组织中，参与者团体可以是一个完整的团队或部门，也可以是组织内纵向或横向、有或没有外部利益相关方的多个团队/部门的代表。领导者们被邀请与房间内其他的重要声音一样平等地参与。有机会倾听和听到同事与利益相关方的创新想法、希望和梦想，领导者们往往会意识到他们最大的贡献可能就是把路让给团队成员们前行。一旦积极的能量被释放出来，最能支持它的就是肯定和明确的实验与创新的途径。作为一个参与式的过程，变革一旦开启，就会以非凡的方式继续下去并取得显著的成效。你从领导者身上能获得的最好期盼就是他们的支持以及他们由此愿意承担的积极变革催化剂的角色。在所有组织成员努力实现他们共同命运的时候，领导者可以通过他们的积极支持来促进转变的过程。

珍视欣赏式探询的体验

通过阅读本书来帮你设计和实施创新的、基于优势的、以欣赏式探询世界观为架构的工作坊，让你对这项工作感兴趣的是什么？

- 欣赏式探询过程最让你充满活力和引起共鸣的是什么？
- 当你在工作或生活中引入欣赏式探询时，最让你感到兴奋的是什么？
- 你发现自己具备哪些欣赏式探询的能力或优势？
- 你对自己、家人和组织有哪些进一步的想象？
- 如果你对未来使用欣赏式探询开展工作有三个愿望，那它们会是什么？
- 你可以立即采取的一项简单的欣赏式行动是什么？

结束反思

　　我写这本书的目的是分享工具来帮助我们每个人生活在一种更充分的意识中：完全意识到不管在什么情况下都要服务于我们的选择。有些选择能让我们螺旋式上升，给我们带来更多兴奋和能量，增加我们的满足感和快乐，丰富我们的经历；还有些选择会让我们螺旋式下降，让我们损失能量、带来不满的情绪和感受到生活的枯竭感。如果我们能够特意和有意识地努力去提高生活中上升的螺旋，那我们就在帮自己和他人以最好的意图为目标去生活，并发现是什么会让我们自己和周围的人富足。

　　欣赏式探询的形式、过程及背后的原则促成了这种螺旋式上升。肯定式的提问和积极的语言、开放地呈现和接受、好奇的心态和支持的态度唤醒并拓展我们欣赏天赋、才干和渴望的视野。最重要的是，因为有了正向核心和基于优势的焦点，欣赏式探询成为一个真心实意的体验过程。大多数领导力与变革的模型都强调对变革与发展的认知维度。认知的转变很重要，但真心实意的改变才是蜕变型的。当改变真心实意时，我们整个人都会受到影响。一次工作坊可以带来蜕变型的改变。当我们发现自己的潜在天赋、潜在优势或经历过关爱时，一次积极的体验也可以是蜕变型的。事实上，第一个提问和提问的方式就开启了变革过程。当我们向最好的自己敞开心扉，想象各种可能性并与我们的优势连接时，一种典型的、重要的量子式转变就可能在一瞬间发生。在顺势疗法中，极其微小的一滴药物足以治愈整个身体。在混沌理论中，在中国上空的一只蝴蝶偶尔扇动一下翅膀，一个月后可能会引起纽约天气的动荡。同样，一个问题的建构可以改变我们的存在，系统中的一个微小的变化可能会从此永远改变系统的状态。

参考文献

[1] Barrett, F. (1998). Creativity and improvisation in jazz and organizations: Implications for organizational learning. *Organization Science*, 9 (5), 605-622.

[2] Barrett, F., & Fry, R.E. (2005). Appreciative inquiry: A positive approach to building cooperative capacity. Chagrin Falls, OH: Taos Institute.

[3] Bascobert, K.J. (2005). Appreciative living. Wake Forest, NC: Venet Publishers.

[4] Beecher, H.K. (1955, December 24). The powerful placebo. Journal of the American Medical Association, 159 (17).

[5] Brunner, R., & Emery, S. (2009). Do you matter? How great design will make people love your company. Upper Saddle River, NJ: FT Press.

[6] Buckingham, M. (2007). Go put your strengths to work. New York: Simon and Schuster.

[7] Buckingham, M., & Clifton, D.O. (2001). Now, discover your strengths. New York: Simon and Schuster.

[8] Bushe, G.R. (2007). Appreciative inquiry is not (just) about the positive. OD Practitioner, 39 (4), 30-35.

[9] Cameron, K.S., Bright, D. Caza, A. (2004). Exploring the relationships between organizational virtuousness and performance. American Behavioral Scientist, 47: 766-790.

[10] Cameron, K.S., Dutton, J.E., & Quinn, R.E. (2003). Positive organizational scholarship: Foundations of a new discipline. San Francisco: Berrett-Koehler.

[11] Cooperrider, D.L. (1990). Positive image, positive action: The affirmative basis of organizing. In S. Srivastva & D.L. Cooperrider (Eds.), Appreciative management and leadership (pp. 91-125). San Francisco, CA: Jossey-Bass.

[12] Cooperrider, D.L. (n.d.). Positive image, positive action: The affirmative basis of organizing. Paper distributed in Appreciative Inquiry Certificate Program, Case Western Reserve University, Cleveland, Ohio.

[13] Cooperrider, D.L., & Avital, M. (Eds.). (2004). Advances in appreciative inquiry: Constructive discourse and human organization (Vol. 1). Amsterdam: Elsevier.

[14] Cooperrider, D.L., Whitney, D., &Stavros, J.M. (2003). Appreciative inquiry handbook. (1st ed.). Bedford Heights, OH: Lakeshore Publishers.

[15] Cooperrider, D.L., Whitney, D., & Stavros, J.M. (2008). Appreciative

inquiry handbook. (2nd ed.). Brunswick, OH: Crown Custom Publishing.

[16] Csikszentmihalyi, M. (1990). Flow: The psychology of optimal experience. New York: Harper & Row.

[17] Drucker, P. (1966). The effective executive. New York: HarperCollins.

[18] Emery, M. (1989). Participative design for participative democracy. Canberra, ACT: Australian National University.

[19] Emery, M., & Purser, R. (1996). The search conference. San Francisco: Jossey-Bass.

[20] Findlay, J. (2003). Knowledge creation tools. Unpublished paper.

[21] Fox, J. (2008). Your child's strengths. New York: Penguin.

[22] Fredrickson, B.L. (2001). The role of positive emotions in positive psychology: The broaden-and-build theory of positive emotions. American Psychologist, 56 (3), 218-226.

[23] Fredrickson, B.L. (2003). Positive emotions and upward spirals in organizations (Chapter11). InK.

[24] Cameron, J. Dutton, & R.Quinn (Eds.), Positive organizational scholarship. San Francisco: Berrett-Koehler.

[25] Fredrickson, B.L. (2009). Positivity. New York: Crown.

[26] Fredrickson, B.L., & Branigan, C. (2005). Positive emotions broaden the scope of attention and though-action repertoires. Cognition and Emotion, 19 (3), 313-332.

[27] Fredrickson, B.L., & Losada, M.F. (2005). Positive affect and the

complex dynamics of human flourishing. American Psychologist, 60 (7), 678-686.

[28] Fredrickson, B.L., & Waugh, C.E. (2006). Nice to know you: Positive emotions, self-other overlap, and complex understanding in the formation of a new relationship. The Journal of Positive Psychology, 1 (2), 93-106.

[29] Fry, R.E., Barrett, F.J., Seiling, J., & Whitney, D. (2001). Appreciative inquiry and organizational transformation: Reports from the field. Westport, CT: Quorum Books.

[30] Holzman, L. (2009). Vygotsky at work and play. New York: Psychology Press.

[31] Kelly, T. (2001). The art of innovation. New York: Doubleday.

[32] Kuhn, T.S. (1962). The structure of scientific revolutions. Chicago: University of Chicago Press.

[33] Ludema, J.D., Whitney, D., Mohr, B.J., & Griffin, T.J. (2003). The appreciative inquiry summit: A practitioner's guide for leading large group change. San Francisco: Berrett-Koehler.

[34] Owen H. (1997). Open space technology: Auser's guide. San Francisco: Berrett-Koehler.

[35] Owen H. (1999). The spirit of leadership. San Francisco: Berrett-Koehler.

[36] Owen H. (2000). The power of spirit. San Francisco: Berrett-Koehler.

[37] Owen, H. (2004). The practice of peace. Circle Pines MN: Human

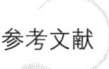

inquiry handbook. (2nd ed.). Brunswick, OH: Crown Custom Publishing.

[16] Csikszentmihalyi, M. (1990). Flow: The psychology of optimal experience. New York: Harper & Row.

[17] Drucker, P. (1966). The effective executive. New York: HarperCollins.

[18] Emery, M. (1989). Participative design for participative democracy. Canberra, ACT: Australian National University.

[19] Emery, M., & Purser, R. (1996). The search conference. San Francisco: Jossey-Bass.

[20] Findlay, J. (2003). Knowledge creation tools. Unpublished paper.

[21] Fox, J. (2008). Your child's strengths. New York: Penguin.

[22] Fredrickson, B.L. (2001). The role of positive emotions in positive psychology: The broaden-and-build theory of positive emotions. American Psychologist, 56 (3), 218-226.

[23] Fredrickson, B.L. (2003). Positive emotions and upward spirals in organizations (Chapter11). InK.

[24] Cameron, J. Dutton, & R.Quinn (Eds.), Positive organizational scholarship. San Francisco: Berrett-Koehler.

[25] Fredrickson, B.L. (2009). Positivity. New York: Crown.

[26] Fredrickson, B.L., & Branigan, C. (2005). Positive emotions broaden the scope of attention and though-action repertoires. Cognition and Emotion, 19 (3), 313-332.

[27] Fredrickson, B.L., & Losada, M.F. (2005). Positive affect and the

complex dynamics of human flourishing. American Psychologist, 60 (7), 678-686.

[28] Fredrickson, B.L., & Waugh, C.E. (2006). Nice to know you: Positive emotions, self-other overlap, and complex understanding in the formation of a new relationship. The Journal of Positive Psychology, 1 (2), 93-106.

[29] Fry, R.E., Barrett, F.J., Seiling, J., & Whitney, D. (2001). Appreciative inquiry and organizational transformation: Reports from the field. Westport, CT: Quorum Books.

[30] Holzman, L. (2009). Vygotsky at work and play. New York: Psychology Press.

[31] Kelly, T. (2001). The art of innovation. New York: Doubleday.

[32] Kuhn, T.S. (1962). The structure of scientific revolutions. Chicago: University of Chicago Press.

[33] Ludema, J.D., Whitney, D., Mohr, B.J., & Griffin, T.J. (2003). The appreciative inquiry summit: A practitioner's guide for leading large group change. San Francisco: Berrett-Koehler.

[34] Owen H. (1997). Open space technology: Auser's guide. San Francisco: Berrett-Koehler.

[35] Owen H. (1999). The spirit of leadership. San Francisco: Berrett-Koehler.

[36] Owen H. (2000). The power of spirit. San Francisco: Berrett-Koehler.

[37] Owen, H. (2004). The practice of peace. Circle Pines MN: Human

Systems Dynamics Institute.

[38] Owen, H. (2008). Wave rider: Leadership for high performance in a self-organizing world. San Francisco: Berrett-Koehler.

[39] Seligman, M. (1990). Learned optimism: How to change your mind and your life. New York: Simon and Schuster.

[40] Seligman, M. (2002). Authentic happiness: Using the new positive psychology to realize your potential for lasting fulfillment. New York: The Free Press.

[41] Seligman, M., & Csikszentmihalyi, M. (2000). Positive psychology: An introduction.American Psychologist, 55 (1), 5-14.

[42] Stavros, J., & Torres, C. (2005). Dynamic relationships: Unleashing the power of appreciative inquiry in daily living. Chagrin Falls, OH: Taos Institute.

[43] Watkins, J.M., & Mohr, B.J. (2001). Appreciative inquiry: Change at the speed of imagination. San Francisco: Pfeiffer.

[44] Wheatley, M.J. (2002). Turning to one another. San Francisco: Berrett-Koehler.

[45] Whitney, D., Cooperrider, D., Trosten-Bloom, A., & Kaplin, B.S. (2002). Encyclopedia of positive questions, Vol. 1. Euclid, OH: Lakeshore Communications.

[46] Whitney, D., & Trosten-Bloom, A. (2003). The power of appreciative inquiry: Apractical guide to positive change. San Francisco: Berrett-Koehler.

作者简介

罗宾·斯特拉顿·博客塞尔（Robyn Stratton–Berkessel）

致力于最大化潜能业务二十余年：她在大学讲授过沟通课程，在企业中领导过销售团队，在专业的服务公司管理过为全球客户提供培训与发展咨询服务的团队，于1992年创办了自己的公司。在国际思想领导力大会上，罗宾曾就变革与基于优势的方法做创新与领导力的演讲。她通过挖掘人们的优势和发现系统的正向核心，合作设计赋予人与企业活力的方法。她的工作产出包括非凡的个人突破，释放出最棒的个体，为企业注入活力，更加关注员工表现和给予关爱。

罗宾与来自专业化服务公司、健康和消费品组织、金融服务和电信领域的跨职能、跨政治、跨文化和跨地域的高级主管、经理人与团队合作。罗宾是一个能带来可衡量、有意义和蜕变型结果的催化师。她毕业于悉尼大学，并在澳大利亚墨尔本的莫纳什大学获得组织系统硕士学位。她致力于持续的学习、发展和分享。罗宾的公司是 L.I.T. 咨询。她的网站与博客网址是 http://positivematrix.com。欢迎你与罗宾邮件联系：robyn@positivematrix.com。

关于译者

张树金（Simba）

北京准行世纪管理顾问有限公司创建人，高级培训顾问

国际引导者协会（International Association of Facilitators，IAF）认证专业引导者（Certified Professional Facilitator，CPF）

Everything DiSC 认证培训师（Certified Trainer），国际认证顾问 (International Consultant Certification，ICC）

欣赏式探询实践者（Appreciative Inquiry Practioner）

张树金（Simba）通过"准行世纪"为企业、学校等组织提供基于引导的团队解决方案，包括：战略规划、变革与创新、问题分析与解决、沟通与协作、文化融合、研讨会设计与实施、引导方法的训练和参与式读书会等。

欢迎你通过公众号（准行世纪）或邮件（zhangshujin@126.com）与他有更多互动。